E. Herrmann

Le Monument français de

Wissembourg

PARIS

UNION POUR LA VÉRITÉ   1909

15, rue Visconti

Union pour la vérité

ASSOCIATION DÉCLARÉE

STATUTS (EXTRAIT DES)

I. — *Objet de l'Association.*

I. Sous le titre d'*Union pour la vérité*, il est fondé, à Paris (1), une Association de mutuelle éducation philosophique et civique.

II. L'objet de cette Association est :

A) De maintenir chez ses membres, par une discipline du jugement et des mœurs, la perpétuelle liberté d'esprit qu'exigent la recherche de la vérité et la lutte pour le droit.

B) D'entretenir dans le public, par son exemple et sa propagande, l'amour actif de la vérité et du droit et de faire passer dans la pratique générale les méthodes critiques.

III. L'Association, se proposant d'exercer librement sa critique dans les divers domaines, philosophique, religieux, moral, social, politique, juridique, s'interdit à jamais d'adhérer définitivement et sans réserves, en tant qu'Association, à aucune Église, à aucune École philosophique, à aucun parti politique, bref à aucun groupement constitué autour d'une doctrine arrêtée.

II. — *Moyens d'action.*

IV. — L'Association se propose d'atteindre son objet par divers moyens, dont les uns (*A*) sont limités aux membres de l'Association, et les autres (*B*) visent le public.

Ces moyens sont :

A) § 1. — Des *réunions* de membres de l'Association, consacrées à de *Libres Entretiens* sur les problèmes posés par la vie publique. Ces réunions sont privées.

§ 2. — Une *Correspondance* régulière, imprimée, échangée entre les membres de l'Association par l'intermédiaire du *Directeur annuel*.

B) § 3. — Des *Conférences.*

§ 4. — Des *Publications* non périodiques.

Le Monument français de

Wissembourg

E. Herrmann

Le Monument français de Wissembourg

PARIS

UNION POUR LA VÉRITÉ   1909

21, rue Visconti

Prix : 1 fr.

Le monument français de Wissembourg a été l'objet d'une assez grande publicité : si *l'Union pour la vérité* s'en occupe à son tour, ce n'est pas pour faire concurrence aux journaux ni aux cinématographes, en livrant au public quelques impressions, émotions ou croquis pittoresques de plus. C'est parce que l'érection de ce monument constitue un acte assez significatif pour valoir un moment d'attention réfléchie.

Un acte, c'est-à-dire une volonté réalisée. Volonté de qui et de quoi ? On peut s'en rendre compte en suivant, documents en main, le travail d'élaboration de l' « Œuvre du monument français ».

La première impulsion est partie de Wissembourg même. A ce propos, quelques détails préliminaires sont utiles.

Wissembourg est une très vieille petite ville, bâtie sur les bords de la Lauter, à quelques pas du

Palatinat. Elle a derrière elle un long passé marqué de dates fameuses, la plupart sanglantes. Mais aujourd'hui son aspect est très calme : elle semble avoir pris sa retraite. Sous ses vieilles tours et ses grands toits pointus, derrière ses vieux remparts depuis longtemps déclassés et devenus promenades, elle a l'air de se reposer des vicissitudes d'autrefois. Les habitants, mi-bourgeois, mi-campagnards, ont l'allure un peu flâneuse de gens dont le train ne part pas encore. Ils travaillent sans se presser, et leur activité, modérée comme leurs ambitions, a généralement en vue des intérêts prochains et positifs.

D'autre part, Wissembourg, comme toute la partie septentrionale de l'Alsace qui touche au Palatinat, est un pays allemand de langue. Sans doute on y trouve pas mal de personnes qui comprennent et parlent le français, mais ce français n'est la langue habituelle que d'un petit nombre ; la plupart des Wissembourgeois se servent, entre eux, de leur dialecte allemand, proche parent des dialectes du Palatinat. De tout temps il y a eu des relations fréquentes et de bon voisinage entre le pays de Wissembourg et la province bavaroise, dont ne le sépare aucune frontière naturelle, la Lauter n'étant qu'un petit cours d'eau qui n'a jamais mis d'obstacle sérieux aux communications.

D'une rive à l'autre, les mariages sont et ont toujours été nombreux ; beaucoup de familles alsaciennes ont des parents dans le Palatinat et réciproquement. Même la guerre de 1870-1871 n'a troublé que peu la bonne entente des populations, d'ailleurs essentiellement agricoles, donc pacifiques, des pays de Wissembourg et de Landau. Cette entente s'explique par leur bonhomie naturelle et par la communauté des intérêts matériels, conséquence de la situation géographique. Mais il y a bien aussi quelques liens plus subtils. La partie méridionale du Palatinat, qui touche à l'Alsace, a été française assez longtemps pour qu'on puisse y découvrir aujourd'hui encore — à côté de l'attachement à la grande patrie allemande et de tout le loyalisme désirable — comme une réminiscence de l'influence française, qui se traduit surtout par une curiosité sympathique de tout ce qui est français : choses, hommes, idées, institutions. Cette absence d'hostilité contre la France contribue certainement à rendre amicaux les rapports de la petite province bavaroise avec l'Alsace. Cependant le Palatinat est bien allemand de mœurs, et à voisiner intimement avec lui, il est évident qu'une population alsacienne doit perdre ou du moins voir s'affaiblir les traditions françaises.

Et pourtant, c'est à Wissembourg, qui a toujours

vécu en bons termes avec ses voisins allemands, — c'est dans cette petite ville placide qui ne semble occupée qu'à mener à bien ses petites affaires et à couler ses jours en paix, c'est là qu'est éclose l'idée d'élever un monument à des soldats français, — des soldats dont les derniers sont morts il y a près de quarante ans et les autres il y a deux siècles.

Voyons comment, partie de là, l'idée a fait son chemin et comment elle a pris corps.

Le promoteur de l'Œuvre du monument français est M. Auguste Spinner, peintre-décorateur à Wissembourg.

Vers la fin de septembre dernier, il écrivait dans un rapport (1) sur la genèse du monument, dont le comité a bien voulu nous permettre de prendre connaissance : « Depuis dix ans j'avais, comme Wissembourgeois, né français en 1864, conçu le projet de faire ériger sur les hauteurs du Geisberg, une pierre du souvenir, à la mémoire des soldats d'Abel Douay, morts aux avant-postes de l'ancienne France, le 4 août 1870 ; cette pierre devait aussi rappeler aux générations futures d'Alsace les braves soldats de Hoche qui se sont battus ici en 1793 contre les Kaiserlicks, et enfin la défense

---

(1) Les détails qui suivent sont en grande partie empruntés à ce rapport.

des lignes de Wissembourg, lors des guerres de la succession d'Espagne et d'Autriche en 1704 et en 1744.

Il y avait donc longtemps que le « Wissembourgeois né français » couvait son idée, et elle avait trouvé déjà des sympathies, mais aucun moyen pratique de réalisation, quand il la porta à Paris, en 1907 et 1908, pour en conférer avec le comité du « Souvenir Français ». Ce comité lui promit son concours et lui conseilla d'ouvrir une souscription en Alsace. Un premier appel fut lancé par la voie du *Journal d'Alsace-Lorraine*, dont un des rédacteurs, M. P. Bourson, se joignit à M. Spinner, avec deux autres personnalités alsaciennes, pour constituer un comité actif. Dans l'appel, on soulignait le fait que rien ne rappelait la mémoire des soldats français tombés sur le champ de bataille du Geisberg, alors que, depuis 1876, un monument allemand glorifiait les vainqueurs du 4 août 1870.

Cet appel fut entendu et les souscriptions affluèrent.

Le 23 mai 1908, le comte de Bissingen, Kreisdirector de Wissembourg, avisait M. Spinner qu'ayant eu connaissance, par l'appel publié dans le *Journal de Wissembourg*, du 14 avril 1908, du projet d'élever un monument aux soldats français tombés à Wissembourg, il avait informé de ce plan le président de la Basse-Alsace, et que celui-ci avait répondu que le gouvernement ne s'opposait pas à ce projet, mais demandait à être informé de toutes les décisions du comité, afin de prendre part, le cas échéant, à la cérémonie d'inauguration.

A ce moment, M. Spinner résolut de constituer, outre le comité actif, dont il était président, un comité d'honneur.

Tous les députés d'origine alsacienne à la Délégation d'Alsace-Lorraine et au Reichstag, ainsi que plusieurs personnalités marquantes de la littérature et de l'industrie en Alsace, voulurent en faire partie. M. Gunzert, leur doyen d'âge, était, de plus, désigné pour la présidence par sa qualité de Wissembourgeois et ses fonctions de conseiller d'État et de vice-président de la Délégation d'Alsace-Lorraine. Malgré ses soixante-dix-sept ans, il accepta la nouvelle charge, bien qu'il fût à prévoir qu'elle ne serait pas légère. Il rendit de grands services à l'œuvre dans nombre de difficultés.

Voici le texte d'un nouvel appel qui fut signé par tous les membres du comité d'honneur et du comité actif :

à Strasbourg ; le baron Eugène DE
DIETRICH, au Jaegertal ; A. EHRHARD,
président de la Société des Amis des
Arts, à Schiltigheim ; HARTMANN,
fabricant à Munster ; Fr. KIEFER, di-
recteur de l'imprimerie Alsacienne à
Strasbourg ; KLUG, Maire de Mulhouse,
J. LANG, à Schlestadt ; SCHALLER, pré-
sident de la Chambre de Commerce, à
Strasbourg ; Théodore SCHLUMBERGER,
fabricant à Mulhouse ; Dr SCHWANDER,
Maire de Strasbourg ; le docteur
MOSSER, à Haguenau.

5) Messieurs les Membres du bureau du
« Souvenir Français » à Paris

LE COMITÉ ACTIF :

Le Président :   M. Auguste SPINNER, à Wissembourg.
Le Vice-Président : M. A. LAUGEL, député, à Saint-Léonard.
Le Secrétaire :   M. Georges FISCHER, à Wissembourg.
Le Trésorier :   M. Alfred CERF, banquier à Wissembourg.
Membres :   M. P. BOURSON, à Strasbourg.
    M. S.-O. SEIB, à la Robertsau.
    M. Charles TEUTSCH, Maire de Wissem-
bourg.

LE JURY :

Le Président :   M. LAUGEL.
Membres :   MM. PREISS, RIFF et WETTERLÉ.

La propagande s'étendit à toute l'Alsace-Lorraine et les souscriptions se multiplièrent. En outre, plusieurs centaines de sociétés de musique, de gymnastique, etc., organisèrent des soirées au bénéfice de l'Œuvre. A Strasbourg, Colmar, Mulhouse, dans d'autres villes encore, des représentations théâtrales furent données dans la même intention, soit en français, soit en dialecte alsacien. 420 maires ouvrirent des souscriptions dans leurs communes. Au moment de l'inauguration du monument, la collecte, avec quelques dons venus de France, dépassait 60.000 francs.

M. Spinner ne disait donc que l'exacte vérité en écrivant, dans le rapport déjà cité : « Cette œuvre a rencontré le plus chaleureux accueil dans toutes les classes de la société alsacienne. » L'idée partie de Wissembourg avait gagné Strasbourg d'abord, et de proche en proche le pays tout entier. Ce n'était plus un homme, ni une ville, ni un comité qui voulait le monument français, c'était l'Alsace.

Au commencement de l'année 1909 surgirent les premières difficultés avec le gouvernement d'Alsace-Lorraine. Elles furent soulevées par le ministère au sujet des détails de l'exécution du monument.

Le projet avait été mis au concours, et un jury composé de plusieurs experts d'art et de trois membres du comité, sous la présidence de M. Laugel, avait fait choix de l'esquisse présentée par le statuaire Albert Schultz. Né à Strasbourg, d'une vieille famille alsacienne, M. Schultz est l'un des représentants les plus distingués de la jeune école d'art alsacien. Il est l'auteur de la fameuse « Alsacienne à l'oie » qui fait la joie des visiteurs de l'Orangerie à Strasbourg. Le monument édifié par ses soins, qui s'élève aujourd'hui sur le Geisberg, est un obélisque de quatorze mètres de haut, en grès blanc des Vosges, devant lequel se tient debout le génie de la Patrie, une figure de femme ailée qui tend des deux mains des couronnes. Au-dessus de sa tête on lit l'inscription : « Aux soldats français morts pour la Patrie. » Au revers une panoplie militaire est sculptée. Du sommet de l'obélisque, une guirlande de feuillage retombe sur les deux faces latérales. Sur le faîte se dresse le coq gaulois, coulé, ainsi que la statue du génie, dans le bronze d'anciens canons français (1). Aux quatre angles du socle, des attributs et des coiffures militaires symbolisent les quatre grandes périodes de guerre au cours desquelles on se battit autour de Wissembourg.

Le comité avait d'abord décidé de faire graver une inscription française rappelant la mémoire de

---

(1) Donnés au Comité par le gouvernement français, sous le ministère du général Picquart.

tous les soldats français tombés autour de Wissembourg, aussi bien en 1870 que pendant les guerres antérieures. Le ministère fit observer que l'Alsace, alors qu'elle était française, n'avait pas songé à élever un monument aux soldats de Hoche. Il estima que le monument projeté devait rappeler aussi les combattants allemands et autrichiens tombés dans la région au dix-huitième siècle. Le comité fit à cette manière de voir une opposition énergique et finit par consentir à se borner à une inscription générale, sans date aucune. Alors le ministère voulut que l'inscription fût gravée dans les deux langues. Il y eut à Strasbourg, au palais de la Délégation, une réunion plénière des deux comités, à laquelle assista le sous-secrétaire d'Etat, M. Mandel. On lui déclara qu'à aucun prix le comité ne consentirait à ce qu'une inscription allemande fût gravée sur le monument élevé à des soldats français, et on finit par placer le gouvernement devant l'alternative ou d'autoriser l'inscription uniquement française, ou de voir le monument élevé soit à Nancy soit à Bâle.

Le 27 février 1909, M. Mandel écrivit au président du comité d'honneur que le gouvernement ne faisait pas d'objection à l'érection du monument, « vu que le comité renonçait à honorer spécialement les soldats français tombés pendant les combats du dix-huitième siècle (1) et qu'il projetait de graver sur le monument cette seule inscription : Aux soldats français morts pour la Patrie. » Cependant l'autorisation définitive res‑tait réservée jusqu'à la communication du projet du monument.

En accusant réception de cette lettre, M. Gun‑zert fit remarquer qu'on n'avait pas eu le projet d'honorer *spécialement* les soldats français tombés pendant les combats du dix-huitième siècle, et que, par conséquent, il ne pouvait être question d'une renonciation à ce projet. Il ajouta : « En renonçant à faire graver une date sur le monu‑ment, le comité a d'ailleurs exprimé, de façon non équivoque, son dessein d'honorer également tous les soldats français tombés près de Wissembourg. »

Après l'inscription, ce fut le tour des symboles. Le coq gaulois, ainsi que les attributs et coiffures militaires, déplurent au ministère. Le comité adressa une pétition à l'empereur et lui soumit le projet qui fut accepté, ainsi qu'en fait foi une lettre du Kreisdirector de Wissembourg, datée du 31 juillet 1909 et informant le comité que « Mon‑sieur le gouverneur d'Alsace-Lorraine avait, par

---

(1) « *Auf eine besondere Ehrung der in den Kämpfen des 18ten Jahrhunderts gefallenen Franzosen verzichtet.* »

un décret souverain du 19 courant, autorisé l'érection d'un monument sur le champ de bataille de Wissembourg, en mémoire des soldats français tombés en cet endroit, à la condition que ledit monument fût conforme au projet en deux esquisses soumis à Monsieur le gouverneur. »

Dans cette lettre, on demandait que la date et le programme de la cérémonie d'inauguration fussent communiqués au gouvernement, ce qui fut fait dès qu'ils furent fixés.

A cette communication, le ministère répondit par une lettre qui renfermait une série d'autorisations et de restrictions de détail portant sur différentes parties du programme :

Usage de la langue française : recommandation aux ecclésiastiques de se servir, dans leurs discours, uniquement de la langue allemande « exclusivement parlée dans l'arrondissement de Wissembourg. » (Il y eut, en définitive, un sermon allemand et un sermon français à chaque cérémonie religieuse). A la cérémonie d'inauguration, le président du comité d'honneur comme celui du comité actif feront leurs discours dans les deux langues.

Usage des couleurs françaises : Le programme autorise des drapeaux français autour du monument, à côté de drapeaux allemands, — un seul sur le catafalque pendant la cérémonie religieuse,

— dans le cortège seulement les drapeaux des sociétés françaises organisées militairement (1). Prohibition des rubans aux couleurs françaises sur les couronnes offertes par des personnes de nationalité allemande, notamment sur celle qui doit être déposée au monument de l'armée allemande. Défense sévère aux personnes de nationalité allemande d'arborer ou de colporter des insignes tricolores. (Sur le Geisberg, beaucoup de petits nœuds tricolores furent vendus, arborés et emportés comme souvenirs : cela ne paraît pas avoir eu de conséquences graves.)

Partie musicale : L'exécution de l'hymne national français est autorisée, mais non celle des sonneries de clairons français. Le choral en langue française doit être supprimé ou remplacé par un chant en langue allemande (on le supprima).

Suppression de l'illumination de la ville et de la retraite aux flambeaux projetées pour le 17 octobre au soir : « Elles s'accorderaient mal avec le caractère d'une cérémonie mortuaire... elles donneraient à la fête le caractère d'une réjouissance populaire qui serait en contradiction avec la gravité de la journée et qui certaine-

---

(1) Il n'y eut pas de cortège. Les sociétés montèrent au *Geisberg* séparément.

ment n'est pas dans l'intention des organisateurs. »

Après quelques pourparlers encore, le programme put être définitivement arrêté :

PROGRAMME

des

cérémonies lors de l'inauguration du monument des soldats français à WISSEMBOURG

———➤◄———

A) Samedi, le 16 octobre 1909.

1. 10 heures. Service religieux à l'église catholique.

> a) Sermon de Monsieur l'abbé *Mculey*, ancien aumônier titulaire de l'armée française (en français).

> b) Sermon de M. l'Abbé *Delsor* (en allemand).

2. 11 heures 1/2. Service religieux à la synagogue.

> Sermon de Monsieur le rabbin Dr *Koch* (en allemand et en français).

3. 2 heures. Cérémonie à la tombe du général *Douay* et aux tombes des soldats français et allemands.

> Allocutions de Monsieur l'abbé *Wetlerlé* (en français), et de Monsieur le Président du Comité, Dr *Gunzert* (en allemand).

4.   3 heures 1/2. Cérémonie aux tombes des soldats français à Steinfeld et Schaidt (Bavière
rhénane).

Allocution de Monsieur *Riff*, notaire.

B) Dimanche, le 17 octobre 1909.

1.   9 heures. Service religieux au temple protestant.

a) Sermon de Monsieur le pasteur *Klein*
(en allemand).

b) Sermon de Monsieur le pasteur *Gérold*
(en français).

2. Réception des invités à la gare à l'arrivée des trains et à
la mairie.

3. Midi précis. Départ du Comité et des invités pour le
monument par la route d'Altenstadt.

1 heure. **Inauguration du monument.**

1. Sonnerie de clairons indiquant le commencement de la
cérémonie.

2. Choral exécuté par toutes les sociétés de musique.

3. Discours du Président du Comité actif, M. *Spinner*, promoteur du monument (en français et en allemand).

========   **Le voile tombe**   ========

Hymne national français.

5. Discours du Président du Comité d'honnneur, Monsieur
Gunzert (en français et en allemand).

6. Discours du Délégué du Gouvernement allemand, Monsieur le Kreisdirektor Comte *de Bissingen Nippenburg.*

7. Allocution du Maire de Wissembourg.

8. Allocution du délégué du « Souvenir français », Monsieur *Niessen*, de Paris.

9. Défilé devant le monument aux sons d'une marche.

10. Dépôt d'une couronne au pied du monument des soldats de la III⁰ armée allemande. Discours de Monsieur *Niessen*, de Paris (en français), et de Monsieur *Gunzert* (en allemand).

11. Hymne national allemand.

12. Visite du château du « Geisberg ».

13. 4 heures. Rentrée en ville par la route de Riedselz.

Comité d'honneur : *Gunzert,* conseiller d'Etat, président. *A. Laugel,* député, vice-président. *P, Bourson,* rédacteur, secrétaire. *Delsor, Hauss, Hoeffel, Preiss, Ricklin, Vonderscheer, Wetterlé, Will, Willberger,* députés au Reichstag. *Adam, Bian, Blumenthal, Frey, Gilliot, Heinrich, Hoog, Klaiber, Kübler. Krafft, Moritz, North, Ostermeyer, Pfleger, Reymann, Riff, Rudolf. Rust, Scheydecker, de Schlumberger, Schott, Vogl, Walter, A. Wolf, G. Wolf,* députés au Landesausschuss. *Baumann, Frison, Kuntz, Rupp, Schneider.*

Comité d'action : *Aug. Spinner, C. Teutsch, G. Fischer, Alf. Cerf,* à Wissembourg. *A. Laugel,* Dr *Bucher, Fr. Kieffer, A. Riff, Aug. Ehrhardt,* à Strasbourg.

Plus de cent officiers français de l'armée active avaient obtenu du gouvernement d'Alsace-Lorraine, l'autorisation de venir à Wissembourg, mais permission ne leur en fut pas donnée par le ministère de la guerre à Paris. Ce fut une sensible déception pour le comité et pour les habitants de Wissembourg, qui s'étaient fait une fête de les recevoir.

Un incident très regrettable se produisit trois jours avant l'inauguration. Ce fut la suppression d'une partie des symboles que l'artiste avait sculptés sur le socle du monument. Des symboles ayant été autorisés, il avait cru pouvoir, sans nouvelles démarches, en mettre quelques-uns de plus, et avait placé sous les coiffures militaires des cartouches sur lesquels le soleil, les fleurs de lis, le faisceau des licteurs et l'aigle impériale française figuraient les règnes de Louis XIV et de Louis XV, la première République et l'Empire. Le gouvernement exigea l'abolition de ces emblèmes, et ils furent détruits.

Une petite mesure vexatoire atteignit personnellement M. Spinner. Membre du « Souvenir Français », il possède une médaille de cette société. Il avait demandé et obtenu l'autorisation de la porter aux cérémonies d'inauguration. On lui retira cette autorisation le samedi 16, après qu'il eut porté la médaille pendant quelques heures.

Le 17, vers une heure de l'après-midi, l'ordre fut troublé de façon très fâcheuse, dans l'enceinte réservée, autour du monument, aux sociétés qui participaient à la cérémonie : vétérans alsaciens-lorrains des armées françaises, délégations du « Souvenir Français » et des sociétés d'anciens militaires français, sociétés de musique, etc. ; enfin environ 800 membres de sociétés d'anciens militaires allemands (*Kriegervereine*) d'Alsace et du Palatinat. Tout à coup, comme sur un mot d'ordre, d'autres sociétés d'anciens militaires allemands firent irruption dans l'enceinte. C'étaient plusieurs centaines d'hommes qui, brisant les barrières, bousculant les commissaires, refoulant les assistants dans les tribunes et dans l'espace qui devait rester libre devant le monument, mirent le désarroi dans tout le service d'ordre et le contrôle des cartes, retardèrent l'ouverture de la cérémonie et rendirent difficile le défilé final.

Le nombre des personnes réunies au Geisberg, le 17, dans l'après-midi, est évalué à environ 5o.ooo. L'attitude de cette foule fut constamment pacifique et ne rendit nécessaire aucune répression de la part des agents de la force publique. Sauf l'invasion des « Kriegervereine », tout se passa avec ordre et dignité. Dans l'assistance, beaucoup comprenaient que la journée était significative, et la foule était contente : on avait voulu un monument français, on l'avait; on voyait les couleurs françaises, on entendait la *Marseillaise* et des marches françaises, c'était bien...

A) Samedi, le 16 octobre 1909.

Sermons

prononcés à la cérémonie religieuse
dans l'église catholique de Wissembourg

M. L'ABBÉ MEULEY, *Aumônier*

*Justi in perpetuum vivent, et apud Dominum
est merces eorum. Sap. V. 16.*

Les Justes vivront toujours et le Seigneur
est leur récompense.

Messieurs,

L'armée française a la religion des morts comme
elle a le culte du drapeau. Elle pense, avec raison,
que la mémoire de ceux qui ont succombé pour la
défense de la Patrie doit être honorée, aussi bien dans
la défaite que dans la victoire, et c'est avec une religieuse persévérance qu'elle élève des monuments sur
les champs de bataille où a coulé le sang français.

L'an dernier nous étions à Metz et à Noisseville,

au cœur de la Lorraine, et le souvenir est encore vivant dans nôtre âme de cette belle manifestation patriotique et internationale qui réunissait près de cent mille personnes autour du beau monument que le gouvernement allemand nous avait autorisés à élever sur ces champs de bataille où se disputa la victoire, dans cette sanglante campagne de 1870.

Aujourd'hui c'est à Wissembourg, arrosé lui aussi du sang français le plus pur, dans cette belle Alsace, un des fleurons de notre gloire passée, que va être inauguré le monument que la piété filiale et le patriotisme le plus désintéressé ont pétri de leurs mains pour honorer et perpétuer la mémoire de ceux qui se sont sacrifiés vaillamment pour la défense de notre pays.

Il ne m'appartient pas de retracer ici les péripéties sanglantes de la bataille de Wissembourg. Je rappellerai seulement que nos troupes soutinrent vaillamment, les 3 et 4 août, le choc de forces supérieures et que leur vaillant chef, le général Douay, fut tué au plus fort de la mêlée.

La religion ne saurait se désintéresser de ces grandes et réconfortantes manifestations, parce que la religion aime l'armée en qui elle sait allumer le courage qui, s'il ne donne pas la victoire, sauvegarde du moins l'honneur.

Elle conserve la mémoire des vaillants dans ses prières et dans son cœur, et c'est elle qui réalise la parole des livres saints que j'ai prise pour texte : « Les Justes vivront toujours. Justi in perpetuum vivent ». C'est elle aussi qui leur réserve une récompense supérieure à toutes les gloires humaines : et le

Seigneur est leur récompense, et apud Dominum est merces eorum.

Ce que je voudrais dire là, à la veille de la grande solennité de demain, c'est la part incontestable de la religion dans la prospérité et la force d'un pays.

J'ai le droit, en ma qualité de prêtre catholique, de soutenir cette thèse qu'un peuple ne peut se maintenir grand et prospère sans la religion. J'ai le droit, en ma qualité d'aumônier titulaire de l'armée française en 1870, de rappeler les consolations, le réconfort, l'audace et l'énergie que la religion, représentée par les aumôniers militaires, sut procurer à nos vaillants soldats.

Pour ne pas abuser de votre bienveillante attention, je me contenterai de développer brièvement ces deux points :

1º La religion est et doit être l'inspiratrice du courage militaire ;

2º Tous les survivants de 1870 aiment et respectent la religion.

En posant cette affirmation je ne prétends pas que le soldat incrédule ou libre penseur ne puisse pas, au jour du danger, se sentir au cœur quelque énergie qui le rende capable de faire son devoir sur le champ de bataille, mais à choisir, pour le salut de mon pays, entre lui et le jeune homme plein d'une foi inébranlable, je n'hésiterais pas un seul instant. Pourquoi ? — parce que l'amour de Dieu et l'amour de la Patrie sont deux sentiments inséparables ; parce que Dieu est le Dieu des armées, qu'il ordonne à tout citoyen digne de ce nom de défendre ses autels, son foyer, son

champ, sa famille, contre un entreprenant envahis-
seur ; et la devise de toutes les défenses héroïques
a toujours été : pro aris et focis. *Pour vos autels et*
vos foyers vous devez combattre.

Outre ces biens naturels, l'homme de foi possède
dans son cœur l'espérance des biens éternels. Il sait
qu'en se sacrifiant pour la défense de sa Patrie, il
accomplit un grand devoir, le plus grand qui
puisse ennoblir et sanctifier une conscience humaine,
et que, ce devoir généreusement accompli, il peut
compter sur une récompense éternelle : et apud Dominum est merces eorum.

Voilà le secret de ces vaillants héros, qui illuminent
l'histoire comme les astres illuminent le ciel, et prou-
vent que, comme les Gaulois retrouvaient leur énergie
en touchant la terre, ils savent emprunter à Dieu
même une force que leur refuserait la simple nature
humaine. Ils sont indomptables parce qu'ils s'appuient
sur Dieu. Vous en avez un exemple admirable dans
l'œuvre de Jeanne d'Arc, la libératrice de la France.

Interrogez maintenant l'âme du soldat sans foi et
sans. religion. Son horizon se borne à la terre ; de
cette terre il attend des plaisirs et des satisfactions
sensuelles ; il a horreur de la souffrance et de la mort :
et lorsqu'il marche à l'ennemi, alors que la patrie
en danger lui met une arme entre les mains, c'est la
mort qui le menace, sous la forme d'une balle ou
d'une baïonnette, et il lui faudra une inspiration et
une grâce subites, pour qu'il ne tourne pas le dos à
l'ennemi et à la mort.

Aussi, quand nous voyons les hommes se détourner

de la religion, l'insulter et la persécuter comme on ferait d'une lèpre sociale, nous nous disons avec tristesse et découragement : Qui donc désormais donnera à la France des soldats capables de la défendre ?

2° J'ai dit que les survivants de 1870 aiment et respectent la religion.

Quand on a pris part aux luttes sanglantes et aux batailles qui décimaient nos rangs, on n'est pas sans avoir rencontré, soit dans une ambulance, soit aux avant-postes, un de ces aumôniers militaires qui, jeunes alors et alertes comme le soldat, l'accompagnaient au feu, lui rappelant par leur soutane la présence de Dieu et se penchant sur lui pour lui faire entrevoir le Ciel et lui donner une dernière absolution, quand le projectile meurtrier le couchait à terre.

Ce sont des souvenirs qui ne s'effacent jamais ; et pour ma part, je vois encore des blessés dont le visage était rouge de sang s'accrocher à mon cou pour m'embrasser, alors que je me penchais sur eux.

Voilà ce que j'ai vu, voilà ce qu'ont vu les vétérans de 1870, et puisqu'il en est ici, ils me permettront de leur demander si, dans la personne modeste de l'aumônier militaire, ils n'ont pas reconnu le Dieu de l'Evangile, et si leur cœur n'est pas toujours rempli de respect et de reconnaissance.

La guerre est un terrible fléau : c'est le mauvais génie de l'enfer qui la déchaîne sur la terre. Nous sommes, nous prêtres, des ministres de paix : mais sur les champs de bataille nous avons une mission à remplir ; le soldat français catholique a droit au secours de notre ministère. Tant que la guerre est possible, *l'aumônerie ne doit pas être supprimée... et nous sommes toujours là, prêts à accompagner nos soldats, avec la même foi, la même ardeur et la même charité qui inspirent les prières que nous adressons aujourd'hui au Ciel, pour le repos de leurs âmes, confiants dans la promesse de Celui qui a dit :* « *Je serai moi-même ta récompense infinie.* Ego ero merces] tua magnanimis. *Ainsi soit-il !* —

Si les vétérans de 1870 ont conservé des sentiments de respect et de reconnaissance pour leurs aumôniers, qu'ils soient assurés que ceux-ci leur restent attachés du fond du cœur. Ils les aiment comme des frères en leur qualité d'anciens compagnons d'armes, et sont toujours prêts à leur donner des preuves d'un sincère dévouement. Ils savent, du reste, que si un certain nombre ont oublié le chemin de l'église, ils ne manqueront pas, le moment venu, de tourner leurs regards vers le Ciel qui leur donnera le courage nécessaire pour envisager la mort sans faiblesse, comme ont fait leurs camarades dont les restes reposent sous ce monument.

Qu'ils s'affranchissent du respect humain, sentiment indigne de ceux qui ont porté les armes pour la défense de la Patrie ! Ce qui nous importe, ce n'est pas la vie avec ses biens, mais avant tout l'honneur, qui fait le citoyen digne de respect, et la fidélité au Dieu de la première jeunesse, de la première communion, qui nous a donné les biens dont nous jouissons, nous conserve la santé et nous promet la seule récompense, celle que ne nous disputeront ni l'orgueil ni l'ambition des hommes, je veux dire la béatitude éternelle »

Je suis heureux d'affirmer ces espérances devant la tombe de nos chers soldats français tombés inconnus en défendant le drapeau de la France, mais connus de Dieu qui les a déjà récompensés ; nous en avons la douce confiance.

M. l'abbé Delsor, qui prononce le sermon allemand à l'église catholique, affirme que des liens étroits unissent l'Eglise et l'armée.

Après avoir parlé des nombreuses batailles livrées autour de Wissembourg, il ajoute :

« Il y a quelques années, si quelqu'un nous avait posé la question que le Seigneur adressa au prophète, devant la plaine semée d'ossements desséchés (Ezéch. 3, v. 3) : « Fils de l'Alsace, penses-tu que ces ossements revivront dans la mémoire de la génération présente et des générations futures ? » qui d'entre nous aurait osé répondre affirmativement ? Et pourtant cette réponse a été faite. « Ils revivront ! » ont dit les hommes de cœur du comité qui, se souvenant que parmi ces morts se trouvaient de nos frères, ont conçu la noble idée de perpétuer la mémoire de ces héros par un monument digne d'eux.

« Ils revivront, » a répondu l'Alsace par ses généreuses souscriptions, où l'or du riche est venu se mêler au denier de la veuve, dans un admirable élan d'union et de sympathie. »

M. l'abbé Delsor remercie le comité du monument et le président du « Souvenir Français », d'avoir estimé, avec raison, que l'Eglise et la religion devaient avoir leur place dans les solennités d'inauguration. « De tout temps le soldat a été le fils de prédilection de l'Eglise. » Elle aime la paix, elle suit avec bienveillance les efforts de ceux qui cherchent à la maintenir entre les nations, elle voudrait voir toujours les conflits entre les peuples dénoués non par les armes, mais par les sentences de l'arbitrage; mais « le règne du Christ n'est pas de ce monde ». Le soldat aura toujours sa place dans l'histoire, et l'Eglise verra toujours en lui l'homme prêt à sacrifier sa vie pour ce qu'il regarde comme vrai et juste. D'ailleurs, le soldat n'est-il pas l'image du chrétien? La vie chrétienne est souvent représentée comme un combat, et les vertus chrétiennes comme l'armure du guerrier. L'Eglise suit d'un amour particulier le soldat dans le tumulte de la bataille, et la mort ne l'arrache pas de son cœur maternel. « Une très grande indulgence, dit le cardinal Pie, le grand évêque de Poitiers, est acquise aux fautes privées de ceux qui trouvent la mort dans l'accomplissement d'un devoir public... »

Mais quoique la miséricorde dépasse la justice, les droits de la justice n'en sont pas moins imprescriptibles, et le Ciel ne s'ouvre que pour ceux qui ont expié les fautes et les faiblesses de la vie terrestre. Il est donc nécessaire d'offrir des sacrifices et de dire des prières pour les morts, et l'Eglise vient d'accomplir ce pieux devoir en célébrant la sainte messe à l'intention des soldats auxquels est voué le monument qu'on inaugure aujourd'hui, et en demandant pour eux, à Dieu, la paix éternelle.

Nos morts nous seront reconnaissants. En retour de nos prières, ils nous laissent de nobles exemples d'obéissance, de renoncement, de fidélité au devoir. Dans le génie de la Patrie placé au pied du monument, l'orateur voit l'image de l'ange qui leur remettra la couronne céleste, « dans la Patrie seule vraie, immuable et éternelle ».

Sermon

prononcé à la cérémonie religieuse

dans la synagogue de Wissembourg

M. LE RABBIN KOCH

*Soyez bénis, vous qui venez au Temple, au nom
de l'Eternel, créateur du ciel et de la terre ;*

Mes frères,

*Trente-neuf ans se sont écoulés depuis la bataille
sanglante du 4 août 1870. Mais aucune des nations
belligérantes n'a oublié l'hommage qu'elle doit à ses
enfants qui se sont sacrifiés pour elle. Et si les uns
ont été glorifiés depuis longtemps par des monuments
dignes de leur dévouement, ce n'est qu'aujourd'hui
que nous allons honorer la mémoire des autres. Honneur donc au comité qui a pris l'initiative d'ériger ce
beau monument pour perpétuer le souvenir de leur
bravoure et qui n'a eu d'autre ambition que de remplir
un devoir de reconnaissance ! J'adresse mes sincères remercîments au comité du monument français de nous avoir invités à célébrer aujourd'hui*

ce service commémoratif. Nos sincères remercîments aussi à notre gouvernement impérial qui a permis, dans un admirable esprit de conciliation, de remplir cet acte de piété. En même temps nous adressons l'expression de notre profonde gratitude à Sa Majesté l'Empereur, à qui nous devons la paix d'une si longue durée et qui cherche par tous les moyens possibles à sauvegarder la paix de l'univers.

Mes frères, le service que nous célébrons aujourd'hui doit être pour nous une occasion d'offrir nos hommages à la mémoire de ceux qui sont tombés sous nos murs pour la défense de leur sol, pour l'intégrité de leur territoire. Parmi les héros qui dorment ici dans la poussière, loin des lieux qui les avaient vus naître, loin de leurs parents qui n'ont même pas eu la consolation d'aller pleurer sur les tombes de ceux qui leur furent chers, il en est beaucoup qui appartiennent à notre culte. Par leur glorieux trépas, ils ont montré que l'israélite comprend et remplit ses devoirs envers son pays, qu'il est doué de ces vertus guerrières qu'on lui a reproché longtemps de ne pas posséder, et qu'on n'a pu lui dénier que parce qu'on ne lui a pas offert l'occasion de les manifester ; ils ont montré que l'israélite n'oublie jamais ses devoirs envers son pays, quand celui-ci lui accorde les droits et les avantages dont il fait jouir ses concitoyens des autres cultes.

Nous prierons aujourd'hui, mes frères, pour nos coréligionnaires qui sont tombés au champ d'honneur et qui, en servant leur pays, en sacrifiant leur existence au salut de la patrie, ont en même temps glorifié la religion à laquelle ils appartenaient. Mais nous prierons en même temps pour nos frères des autres cultes qui sont morts de la mort des braves et dont ce monument rappellera à jamais le noble dévouement.

Mes frères, je voudrais bien, en cet instant solennel, vous parler dignement des faits d'armes qui se sont accomplis sous nos murs, pour glorifier, comme ils le méritent, les martyrs du devoir dont la postérité ignorera les noms, mais devant l'héroïsme desquels elle s'inclinera avec respect et admiration.

Mais il suffit de rappeler à votre mémoire ce que vous avez vu de vos propres yeux, ce dont vous avez été témoins vous-mêmes. Vous, mes frères, vous connaissez les fatigues et les souffrances que l'armée a endurées pendant la guerre, et vous savez avec quelle constance, avec quelle tranquillité d'âme elle les a supportées. Vous qui avez soigné avec une si touchante sollicitude les blessés qui se trouvaient dans vos ambulances, vous savez que ce qui préoccupait ces pauvres victimes de la guerre, c'étaient moins leurs propres dangers que les dangers de leur patrie. Ils étaient jeunes, une longue suite de riantes années s'ouvrait devant eux. Et pourtant, avec quel joyeux empressement officiers et soldats couraient au-devant de la mort, avec quelle ardeur, quelle intrépidité ils se précipitaient dans le combat ! Ils se sont dévoués au salut de leur pays, ils ont offert leur vie sur l'autel de leur patrie. Que leur mémoire soit glorifiée et bénie de siècle en siècle ! Frères ! Imprimez à jamais dans votre âme le souvenir de ces braves guerriers, parlez d'eux à vos enfants, afin qu'ils apprennent à honorer le courage, la fidélité au drapeau, afin qu'ils appren-

nent que ce n'est pas toujours dans les plus hautes sphères de la société qu'on rencontre le plus de patriotisme et que ce ne sont pas les plus élevés en dignité qui sentent le plus vivement ce qu'ils doivent à leur pays.

Frères, en glorifiant les héros de la guerre, nous n'entendons pas glorifier la guerre elle-même ; car nous n'avons rien tant à cœur que de voir régner la paix entre les nations, et les solutions juridiques des conflits remplacer les règlements à coups de canon. Il est à souhaiter, mes frères, que nous célébrions de plus en plus rarement les anniversaires des batailles et que nous les remplacions par la commémoration de la naissance des grands hommes, des poètes, des artistes, des savants, des hommes d'État qui ont apporté aux nations les fruits de la paix.

Et dans l'attente de cet avenir heureux recueillons-nous, mes frères, et prions pour le repos des bienheureux que nous fêtons aujourd'hui.

Seigneur, Dieu de bonté et d'amour, c'est à Toi que nous recommandons les âmes des héros qui sont morts pour la défense de leur patrie; que leur glorieux trépas, qui leur a procuré ici-bas une renommée impérissable, leur assure aussi auprès de Toi les félicités éternelles dont ils se sont rendus dignes par leur courage, leur dévouement, leur noble abnégation !

Permets aussi, Seigneur, que le sang des innombrables victimes en l'honneur desquelles nous célébrons cette fête funèbre, n'ait pas coulé en vain ! Eclaire-nous ; éclaire les grands de la terre, apprends-leur à détester l'abus de la force brutale ; apprends-leur que ce n'est pas le glaive, mais la justice qui doit régler les différends entre les nations.

Ah ! fais que la justice règne un jour en ce monde ; alors toutes les tyrannies et toutes les oppressions cesseront ; alors on ne disposera plus des peuples sans consulter leur volonté ; les préjugés disparaîtront et les barrières qui séparent les hommes tomberont et l'humanité entière ne formera plus qu'une seule famille. Ainsi se réalisera cette prédiction du prophète Isaïe : « Les peuples forgeront de leurs épées des socs de charrue ; ils transformeront leurs lances en serpettes ; aucune nation ne lèvera plus le glaive contre l'autre et on ne s'exercera plus à la guerre. » Alors s'accomplira aussi cette autre prophétie : « Ils ne feront plus de mal, ils ne commettront plus aucune déprédation sur ma montagne sainte, car la terre entière sera remplie de la connaissance de Dieu comme l'eau couvre le fond de la mer. »

Alors seront étouffées les plaintes et les gémissements ; partout retentiront des actions de grâces. Oh ! puisse cette époque désirée, cette époque bénie arriver bientôt, de nos jours ! Et tous les hommes répèteront avec ferveur les paroles par lesquelles le chantre inspiré des Psaumes célébrait, ô Eternel ! ta miséricorde infinie : « Louez l'Eternel, car Il est bon, car sa bonté dure à jamais. »

Que telle soit ta volonté, Eternel, notre créateur et notre père !

Amen.

Dans l'après-midi du samedi, 16 octobre, une cérémonie a lieu au cimetière de Wissembourg, où se trouvent les tombes du général Abel Douay et de plusieurs soldats français et allemands morts de leurs blessures après avoir été soignés à Wissembourg. Le comité de l'œuvre du monument, M. Niessen, président du « Souvenir Français » et délégué du gouvernement français, le général Bonnal, M. Douay, fils du général, M. Adigard, député de Flers, d'autres invités, beaucoup de vétérans, environ 5oo personnes en tout, y assistent. M. Gunzert, président du comité d'honneur, prononce en allemand une courte allocution à la mémoire des soldats français et allemands qui, tous, ont versé leur sang pour leur patrie. Il dépose des couronnes sur leurs tombes. Puis M. l'abbé Wetterlé parle en français sur la tombe du général Douay.

Discours

prononcé au cimetière de Wissembourg

M. L'ABBÉ WETTERLÉ, *député au Reichstag*

Messieurs,

Nous rendrons demain un hommage ému et respectueux à ceux dont le nom ne passera pas à la postérité, mais dont l'héroïsme modeste ne fut pas moins digne d'admiration que celui de leurs chefs.

Le comité du monument de Wissembourg a pensé néanmoins (et chacun comprendra cette délicate attention), qu'il était de son devoir de déposer une couronne sur la tombe de celui qui, pendant la journée du 4 août 1870, conduisit, non pas à la victoire comme il l'espérait, mais à une noble et glorieuse défaite, les troupes auxquelles il devait donner l'exemple de la vaillance et du mépris de la mort.

Le général Abel Douay était un brave. Né à Draguignan en 1809, bercé dans sa première enfance au chant de l'épopée impériale (son père avait été chef de bataillon dans la Grande Armée), il passait plus tard par Saint-Cyr, d'où il sortit en 1829 pour être dirigé sur un corps d'Afrique. C'est en guerroyant en Algérie qu'il gagna ses galons de lieutenant et de capitaine. Comme colonel, il fut placé à la tête du 2e voltigeurs qu'il conduisit en Crimée. Son régiment se distingua à la prise de Malakoff. Nous le retrouvons général de brigade à la bataille de Solférino, où son intervention énergique contribua largement au succès des armes françaises. Il y fut blessé au pied gauche, tandis que son frère, le colonel Gustave Douay, était tué dans la même affaire. Enfin, divisionnaire en 1866, il fut nommé, au début de la guerre franco-allemande, commandant de la 1re division de l'armée du Rhin.

Douay, à l'époque où il était capitaine au 7e chasseurs à pied, avait tenu garnison à Strasbourg et il s'y était marié avec la petite-fille de Ch. Schulmeister, ancien commissaire des guerres de Napoléon Ier. Il aimait beaucoup l'Alsace et comptait s'y retirer après avoir pris sa retraite. Nous savons de quelle tragique façon ce vœu devait s'accomplir.

Faut-il rappeler aujourd'hui les fautes que commirent ses chefs en l'exposant sans soutien dans une position avancée ? Douay a payé bravement de sa vie son obéissance aux ordres reçus. Il dort maintenant son dernier sommeil dans cette terre généreuse d'Alsace, à laquelle il devait être le premier à offrir son sang et qui est fière de garder ses cendres.

Nous n'oublions pas, en effet, Messieurs, que pendant deux siècles et jusqu'à l'année terrible, les joies et les douleurs de la France furent nos joies et nos douleurs.

L'histoire d'un peuple est faite des souvenirs vivants de toutes ses gloires. Notre province, qui fut si souvent le théâtre de luttes héroïques, a une histoire particulièrement agitée. Sous toutes les dominations elle sut rester elle-même et ne se donna qu'à ceux qui s'appliquèrent à mériter son estime et son affection. Elle garde précieusement la mémoire des bienfaits reçus et ne permettra jamais qu'on déchire, qu'on efface ou qu'on rature une des pages où sont écrits les fastes glorieux de son passé.

Sans donc donner à cet hommage un caractère blessant ou provocateur pour personne, elle veut aujourd'hui honorer ses morts et elle leur rend le tribut de son admiration et de sa gratitude.

C'est son droit et c'est son honneur !

Voilà pourquoi nous nous sommes réunis devant la tombe du général Douay, qui n'était pas un fils de l'Alsace, mais que nous considérons comme un des nôtres, parce qu'il est mort en défendant notre sol et parce que c'est la terre de notre pays qu'il a, sans marchander, arrosée de toutes les gouttes de son sang.

Et nous ne sommes pas seuls à cette heure. Il me semble en effet voir défiler les bataillons et les escadrons fantômes de la Ire division. Ils rectifient tous encore une fois leur position pour saluer avec nous le héros qui, placé au poste d'honneur, à l'extrême frontière, avait montré, dès le premier jour, comment savait mourir un soldat de France.

Au général Douay, l'Alsace fière et reconnaissante envoie aujourd'hui un dernier adieu.

On se rend ensuite, en voiture, pour des cérémonies analogues, aux cimetières de Steinfeld et
de Schaidt, villages bavarois où sont enterrés des
Français blessés en 1870, qui furent soignés là et y
moururent. On visite aussi, en pleine forêt, dans
une clairière, les tombes de quelques turcos, morts
également de leurs blessures. Le cimetière
chrétien ne put recevoir les musulmans, mais
leurs tombes sont entretenues, comme celles
de leurs compagnons d'armes, par les Bavarois.
Le Palatinat tient à honneur de faire une réception solennelle et courtoise au pélerinage franco-
alsacien. Les villages qu'on traverse sont pavoisés,
des sociétés d'anciens militaires, bannières et
officiers en tête, font la haie. Le président de
l'Union des sociétés de vétérans du Palatinat et
plusieurs officiers de la garnison de Landau
reçoivent à l'entrée de Steinfeld et accompagnent
aux deux cimetières les membres du comité du
monument, les délégués du Souvenir français, etc.
La musique militaire de Landau participe aux
cérémonies. Des allocutions sont prononcées.
A Steinfeld, M. Adigard rappelle les paroles de
quelques officiers et soldats au maréchal de Mac-

Mahon, écrasé de douleur le soir de Frœschviller :
« Maréchal, pourquoi pleurez-vous ?... nous
n'avons pas refusé de mourir. » Les soldats qui
dorment là ont accompli cette parole.]

M. Baudot, le « clairon de Malakoff » dit ensuite
quelques mots, mais l'émotion lui coupe la voix.
Le président de l'Union des vétérans du Palatinat
parle de paix, d'estime mutuelle, et dépose des
couronnes sur les tombes françaises et sur
une tombe voisine où reposent des soldats allemands.

A Schaidt, même cérémonie à peu près. L'allocution de M. Riff, député à la délégation d'Alsace-
Lorraine, est la plus importante. Il rappelle qu'en
1870 déjà, les derniers honneurs furent rendus à
amis et ennemis avec un respect égal. Il remercie
chaleureusement les « chers voisins » du Palatinat
d'avoir contribué spontanément à donner à l'hommage rendu aux morts français une imposante
solennité. Il fait des vœux pour que « l'ange de
la charité et de la paix étende ses ailes sur la cérémonie d'aujourd'hui et sur celle de demain », —
et que l'espoir soit donné à l'Alsace-Lorraine « de
n'être plus un sujet d'inimitié et de litige, mais
un trait d'union entre deux des plus grandes
nations de l'Europe ».

Après les visites aux cimetières, les officiers
bavarois et l'Union des sociétés des vétérans

offrent à leurs hôtes une collation qui est acceptée et au cours de laquelle des toasts soulignent le caractère d'estime et de courtoisie internationales qu'on a tenu à donner à cette rencontre

Matin

Sermons

prononcés à la cérémonie religieuse
dans le temple protestant de Wissembourg

SERMON EN ALLEMAND

M. LE PASTEUR KLEIN

Dans la matinée du dimanche 17 octobre, un
service religieux est célébré au temple protestant.
M. Klein, pasteur à Wissembourg, prend d'abord
la parole en allemand. Il prononce un discours
sur ce texte : « Josué prit une grande pierre et il
la plaça sous un chêne, près du sanctuaire du

Seigneur, et il dit à tout le peuple : Voici, cette pierre sera notre témoin ! »

Parlant de l'autre pierre commémorative, autour de laquelle on doit se réunir ce même jour, le prédicateur se demande s'il est bon de se souvenir du passé ?

Aucun homme ni aucun peuple ne peut ni ne doit oublier son histoire, mais nous nous en souvenons en mettant notre confiance en Dieu, qui est le gardien du passé et de l'avenir.

Nous saluons des frères en honorant les braves à la mémoire desquels s'élève la pierre aux portes de notre ville. C'est un devoir sacré, car il ne faut oublier aucun de ceux qui ont jadis sacrifié leur vie à une cause grande et sainte. L'homme du Golgotha est leur roi et leur frère.

Les fils de France tombés au champ d'honneur sont nos frères non seulement parce qu'il y avait parmi eux des fils de notre terre natale, sur lesquels des mères alsaciennes ont pleuré, non seulement comme membres de la grande famille humaine, mais surtout « parce qu'ils ont donné leur sang et leur vie pour un bien qui, pour nous tous, a plus de prix que le foyer familial, le bonheur paisible, l'honneur personnel : ils sont morts pour leur patrie »...

« Que le monument élevé sur le champ de bataille du 4 août 1870 soit un témoin, non de la discorde entre les peuples, des journées sanglantes, des pleurs amers ; mais de la fidélité à la patrie, de notre fidélité à la mémoire des braves, de la largeur de cœur des disciples du Christ qui connaissent la grande maison paternelle où il y a place pour tous ceux qui estiment l'obéissance plus que la vie. »

Le point de vue de l'orateur est celui de l'humanitarisme chrétien, il termine son discours par cette invocation qui le résume : « Seigneur, maître de l'histoire, roi de ton grand peuple humain, fais de nous des frères. Fais-nous marcher dans la voie du progrès. Fais prospérer l'œuvre de nos mains. Et donne-nous la paix. »

SERMON EN FRANÇAIS

M. LE PASTEUR GEROLD

Mes frères,

Appelé par la confiance du Conseil presbytéral de cette Église à présider ce service religieux exceptionnel, je me suis demandé quel texte de nos saints livres je pourrais choisir qui fût le mieux approprié à la circonstance et qui exprimât le mieux les sentiments communs à tous les assistants, et je n'en ai pas trouvé de meilleur que cette parole si simple du 143ᵉ Psaume : « Je me souviens des jours d'autrefois » et cette autre si élevée du 2ᵉ chapitre de l'Apocalypse : « Sois fidèle jusqu'à la mort, et je te donnerai la couronne de vie. »

De quoi s'agit-il, en effet, mes frères, en ce jour solennel ? — D'un grand souvenir à raviver, d'un glorieux hommage à rendre à des cœurs vaillants, qui ont été fidèles au devoir jusque dans la mort.

C'est de cette pieuse pensée que se sont inspirés ceux qui ont pris l'initiative de l'érection du monument commémoratif que nous allons inaugurer sur les hauteurs du Geisberg. Ils ont voulu réparer un oubli qui a trop longtemps duré et honorer la mémoire de ces enfants de la France qui, à différentes époques de l'histoire, sont glorieusement tombés sur ce coin de terre, pour la défense du pays ; ils ont voulu faire ici ce qu'on a fait ailleurs pour les morts de 1870, et célébrer l'héroïque effort tenté par nos soldats à l'extrême frontière pour repousser l'envahisseur ; ils ont voulu marquer la place où sont déposés les restes de ces modestes héros, afin que leurs parents, leurs amis, leurs compatriotes puissent savoir où porter leur deuil et leurs regrets, et leurs neveux et arrière-neveux où faire un pèlerinage pour honorer les vertus de leurs ancêtres.

C'est de cette pieuse pensée que se sont inspirés tous ceux qui ont contribué par leurs souscriptions à la réalisation de ce généreux projet : ouvriers et anciens soldats, artisans et bourgeois, riches et pauvres, grands et petits, car nul n'a voulu rester en arrière dans cette entreprise patriotique. C'est cette pensée enfin qui vous a amenés ici, vous tous mes frères, vieillards qui venez raviver des souvenirs douloureux, mais qui vous sont chers ; jeunes gens qui garderez de cette cérémonie des impressions ineffaçables ; épouses et mères qui parlerez longtemps de ce jour à vos enfants et petits-enfants ; fonctionnaires et simples citoyens, soldats et paysans, Alsaciens de tous les rangs et de toutes les contrées, étrangers, amis de notre pays, et vous surtout, nos frères de France, qui ne pouviez manquer de vous associer aux sentiments dont cette fête est l'expression solennelle. Ah! quel beau spectacle de vous voir ici, nombreux, unis par une des plus nobles pensées qui puissent inspirer les cœurs !

Et combien vous avez eu raison de vous réunir dans ce temple et de faire intervenir la religion dans cette imposante fête du souvenir ! Voyez, cette foule émue *qui se presse sous ces voûtes antiques et sacrées, c'est la France et l'Alsace qui prient ensemble pour nos chers trépassés.*

« Je me souviens des jours d'autrefois », disons-nous avec le psalmiste. Je ne sais pas, mes frères, ce que l'avenir réserve aux générations futures, mais il me semble qu'il leur sera bien difficile d'être les témoins de spectacles aussi épiques, aussi émouvants que ceux qu'a offerts la guerre de 1870, et avant tout la tragique et glorieuse aventure qui s'est déroulée ici.

C'était, vous le savez, le 4 août, au matin, quand le général Abel Douay, qui depuis l'avant-veille était venu occuper Wissembourg, se vit attaquer à l'improviste par l'ennemi. La division qu'il commandait, forte de 5.000 hommes à peine, soutint vaillamment le choc de forces bien supérieures en nombre. A la gare du chemin de fer, sur les remparts de la ville, au vieux château du Geisberg, nos braves soldats résistent durant des heures aux assaillants. Mais la lutte est trop inégale. Que peuvent-ils, malgré leur abnégation et leur mépris de la mort, contre un ennemi qui jette à tout instant des troupes fraîches dans la mêlée ? Que peuvent-ils surtout contre la pluie de fer dont les couvre l'artillerie allemande ? Après des efforts surhumains, ils finissent par succomber.

Trente-neuf ans se sont écoulés depuis ce jour néfaste. Mais le temps qui le plus souvent endort les souvenirs, même poignants, n'a pas effacé celui-là. Nous qui avons vécu les journées de l'année terrible nous sentons encore le frisson qui parcourut l'Alsace tout entière à la nouvelle de cette première défaite, d'autant plus sensible aux cœurs patriotiques qu'elle suivait de plus près de brillantes promesses et de grandes espérances.

Ils ont été vaincus, nos braves soldats. Ils n'ont pas connu la gloire du succès, de la victoire remportée. Mais ils ont conquis, dans la défaite, cette autre gloire, non moins rayonnante, non moins durable, la seule qu'un impitoyable vainqueur ne peut entamer ni détruire, la gloire d'avoir servi leur pays jusqu'au bout, d'être restés fidèles, fidèles au drapeau et fidèles à la patrie, jusqu'à la mort. Ils sont tombés au champ d'honneur. Et ici commence pour eux la gloire. La patrie, pour laquelle ils ont souffert, pour laquelle ils sont morts, leur tresse la couronne d'immortalité, et le monument qui s'élève là-haut au Geisberg dira aux générations futures leur bravoure, leur fidélité, leur patriotisme.

Nous aussi, mes frères, qui sommes réunis ici pour cette belle et touchante cérémonie, nous nous souvenons des jours d'autrefois. Nous saluons avec émotion ces héros obscurs, innommés, dont nous pouvons dire, avec une parole de l'Evangile, « ils ont gagné la vie en la perdant ». Non, ils ne sont pas morts, ces glorieux vaincus. Ils sont vivants ; ils vivent dans la mémoire de tous les hommes de cœur ; ils vivent dans la reconnaissance de ceux pour lesquels ils se sont sacrifiés. Le récit de leur héroïque dévouement est comme un héritage, un patrimoine sacré, auquel nous ne permettrons pas que l'on touche. Ce jour de deuil, qui est en même temps un jour de gloire, nous appartient et nous en conserverons pieusement le souvenir, pour le léguer à nos fils et petits-fils.

Mais ce n'est pas tout, mes frères, de rendre hommage à l'héroïsme des combattants de ces jours d'autrefois. Il faut nous inspirer de leur exemple : ce courage, ce dévouement que nous avons le droit, je pense, d'admirer, quelle leçon de patriotisme pour nous et de fidélité au devoir !

Ils sont morts pour la patrie, disons-nous. La patrie ! Ah ! que quelques esprits égarés, épris d'un faux idéal, viennent nous dire que c'est là un vieux mot, bien rebattu, bien usé et qu'il serait temps de rayer de notre vocabulaire — vieux mot, leur dirons-nous, oui, sans doute, mot souvent articulé et dont on a parfois abusé, mais qui n'en exprime pas moins une des choses humaines les plus grandes, les plus saintes, et qui, plus que tout autre peut-être, a le don d'émouvoir et de faire tressaillir les cœurs ! Vieux mot, mais qui résonne toujours encore éloquemment à nos oreilles et qui fait vibrer au fond de notre âme une fibre puissante. Vieux mot, mais que sur les champs de bataille ensanglantés des milliers de braves, expirant dans une affreuse agonie, murmurent comme une prière, qui rend moins amère leur dernière heure et illumine d'un sourire d'espérance leur visage mourant.

Pour nous aussi, mes frères, il y a la patrie, pour laquelle nous devons nous dévouer. Pour nous aussi, il y a le devoir qu'il faut accomplir jusqu'au bout, le devoir qui demande l'emploi de toutes nos *forces, la concentration de toutes nos énergies. Sans doute, ce n'est pas à des sacrifices sanglants que l'heure actuelle nous convie. Le genre de courage que nous devons pratiquer, c'est le courage de résister à l'iniquité et à la corruption, à l'arbitraire et à l'oppression, de rester nous-mêmes dans la fière indépendance de notre conscience ; l'énergie que nous devons déployer, c'est l'énergie dans l'accomplissement de notre devoir, dans la revendication de nos droits, dans la poursuite du bien commun ; la lutte que nous devons soutenir, c'est la lutte pour le triomphe de la vérité, de la justice et de la liberté. A nous aussi la voix céleste nous dit : « Sois ferme, sois fidèle et je te donnerai la couronne de vie ! » Ah ! regardons aux héros de 1870 et que Dieu veuille nous mettre au cœur quelque chose de leur énergie, de leur fidélité, de leur esprit de dévouement et de sacrifice !*

Oui, que cet esprit pénètre nos cœurs, qu'il allume en nous la flamme sacrée du patriotisme ; non d'un patriotisme étroit et tapageur, qui ne fait que compromettre la cause qu'il prétend servir, mais d'un patriotisme éclairé, généreux, qui dissipe les préventions, les malentendus, pour faire place à une seule passion, celle de l'honneur et de la prospérité du pays ; non d'un patriotisme exclusif et haineux, qui entretient les susceptibilités, les jalousies et les haines de peuple à peuple, mais d'un patriotisme large, élevé, qui n'en veut à personne, mais qui ne se courbe devant personne, et qui, de même qu'il respecte les droits des autres, entend faire respecter les siens par les autres.

Honorons donc franchement ces vaillants soldats

qui ont fait leur devoir au mépris de la mort ; érigeons des monuments à leur mémoire, mais prenons garde que ces monuments ne deviennent pas entre les nations des bornes néfastes contre lesquelles viennent se heurter et se briser les rêves de rapprochement et de pacification.

« Je me souviens des jours d'autrefois », dit le psalmiste. Nous ne pouvons pas ne pas nous souvenir de ce passé encore trop récent. Nous ne pouvons pas oublier ces jours de luttes sanglantes et de deuil patriotique que nous avons traversés ; nous ne pouvons pas oublier les dévastations et les ruines, les violences et les désordres, les flots de sang et de larmes de l'année terrible. Mais si nous nous en souvenons, ce n'est pas avec colère, ce n'est pas pour haïr ceux qui ont combattu contre nous, vaillamment, héroïquement, c'est pour haïr la guerre homicide, détestée des mères.

Ah ! je le sais, la guerre a ses apologistes qui la trouvent belle et noble, utile et même nécessaire. Dans certains cas, il en est ainsi. Oui, lorsqu'il s'agit de défendre ou de recouvrer l'indépendance du pays, lorsqu'il s'agit de se placer en travers de l'envahisseur et de couvrir de son corps le sol de la patrie, alors la guerre est grande et noble, le sacrifice au devoir, le dévouement à une cause sainte. Mais en dehors de là, elle n'est pas seulement un horrible fléau, elle est un crime.

Dieu soit loué ! cette manière de voir l'emporte de plus en plus sur l'autre. L'humanité appelle de tous ses vœux ces temps nouveaux où se réalisera la parole du prophète : « Les épées seront forgées en socs de charrue ; une nation ne tirera plus l'épée contre une autre nation, et l'on n'apprendra plus la guerre » ; ce temps où le monde sera cette belle et large table de famille que prédisait, il y a vingt siècles, en termes magnifiques, le Christ, où viendront s'asseoir les peuples d'Orient et d'Occident, du Midi et du Septentrion.

Travaillons, mes frères, travaillons de toutes nos forces à hâter la venue de cette ère de sympathie, de concorde et de paix ! Ne nous laissons pas rebuter ; soyons fidèles jusqu'au bout ! Et toi, ô notre Dieu et notre Père, envoie ton esprit de justice et d'amour sur tous les peuples ; qu'il dissipe tous les nuages, qu'il écarte tous les malentendus, qu'il triomphe de toutes les vieilles rancunes, qu'il mette en lumière et en action cette grande loi de solidarité qui doit unir tous les enfants de la terre, et que nous voyions briller enfin l'aube de ce jour nouveau où retentira dans le monde entier cet hymne d'allégresse : « Gloire à Dieu au plus haut des cieux et paix sur la terre ! »

Dimanche 17 Octobre 1909

———

Après-midi

———

Au Geisberg

———

Discours

M. SPINNER

président du Comité et promoteur du Monument

Mesdames, Messieurs,

Aujourd'hui la pensée de l'Alsace est toute à Wissembourg : aujourd'hui tous les yeux sont fixés sur le monument appelé à perpétuer les plus salutaires leçons et à symboliser les plus nobles souvenirs.

Cette œuvre de pieuse commémoration, cette pierre solide et durable qui surgit de la terre d'Alsace, portant ces mots si simples : Aux soldats français morts pour la patrie ! *c'est une œuvre collective, c'est votrè œuvre à tous, chers collaborateurs connus et anonymes.*

Au nom du Comité actif, merci.

Merci au Gouvernement français et spécialement à l'ancien Ministre de la guerre, notre compatriote, à qui nous devons d'avoir pu couler dans le bronze français d'anciens canons, la statue qui donne à notre monument sa signification idéale. Le même métal qui jadis a tonné sur les champs de bataille, semant la mort, parlera désormais de l'immortalité du souvenir.

Merci à l'artiste éminent qui a mis son cœur et son talent à créer une œuvre noble et belle, digne de la pensée qu'elle traduit.

Merci aussi à ses collaborateurs qui n'ont pas ménagé leurs forces et leur temps pour achever notre œuvre dans le délai prévu.

Merci au Souvenir Français, *à cette association admirable, dont la propagande généreuse ne tend qu'à ce but : rappeler aux vivants le culte des morts tombés au champ d'honneur, prier pour les disparus, fleurir leurs tombes.*

Merci aux amis de la première heure qui sont venus spontanément à nous ! Merci à la Presse et à toutes les Sociétés d'Alsace-Lorraine et de France qui nous ont si efficacement secondés. Merci aussi à messieurs les maires, qui nous ont prêté un si précieux concours en faisant porter nos listes de souscription jusque dans la dernière chaumière d'Alsace.

Merci à tous — au près et au loin — trop nombreux pour être nommés, armée vaillante et obstinée du souvenir, qui n'avez pas voulu laisser dans l'oubli la mémoire de ceux qui moururent pour la patrie à Wissembourg.

Wissembourg ! ne semble-t-il pas que ce nom sonne, à travers l'histoire des deux derniers siècles, comme le « qui vive » des sentinelles avancées ?

Wissembourg ! ce nom n'est-il pas comme l'écho lointain du signal d'alarme et du « garde à vous » jeté par les avant-postes à leurs frères d'armes ?

Cet écho n'est point une illusion : Wissembourg a chèrement acheté l'honneur d'avoir été, pendant deux siècles, le seuil de la France. Elle a connu toute la gloire et hélas ! aussi l'angoisse du poste périlleux qui lui était échu.

Le paisible et riant paysage qui nous entoure se souvient de rudes combats ; les forêts profondes qui s'étendent devant nous ont plus d'une fois retenti du tumulte des batailles. La hauteur du Geisberg a son nom inscrit en lettres ineffaçables dans les annales guerrières de la France. Des soldats français l'y ont gravé, ce nom, au XVIIIe et au XIXe siècle, avec l'acier de leurs baïonnettes.

Lointaine et historique déjà, et cependant combien proche de nous encore, est la dernière des journées où la terre sur laquelle se dresse la pierre du souvenir a été arrosée de sang français.

Je vois ici d'anciens soldats qui furent témoins et acteurs de cette tragique journée du 4 août.

Trente-neuf années nous séparent des heures inoubliables où la fusillade crépitait dans la vallée pendant que le canon grondait sur les collines environnantes. Je n'étais qu'un enfant et il appartiendrait plutôt à *l'un de ceux qui prirent part à la lutte d'alors, d'évoquer l'atroce vision de feu et de sang. Pourtant les hommes de ma génération en ont gardé le souvenir, car s'il est une chose qu'un enfant n'oublie jamais, ce sont les premières impressions douloureuses et terribles qui ont meurtri sa jeune âme — et aussi les premières leçons d'héroïsme qu'il a reçues.*

Soldats français de 1870, et vous, leurs aïeux et les nôtres, volontaires de 93, vous tous, dont les corps mutilés sont tombés en poussière dans notre terre d'Alsace, vous n'êtes pas morts en vain. Votre exemple héroïque nous a fait des cœurs plus forts et des âmes plus viriles. Vous nous avez appris la signification de ces mots : l'amour de la patrie ! — mots qu'on n'explique pas, mais qui renferment tant de choses grandes et nobles ; abnégation héroïque, dévouement fraternel, soumission au devoir, — oubli de soi jusqu'au sacrifice de la vie.

Ah ! si vous pouviez sortir de votre tombe en cette minute, où notre plus ardente pensée va vers vous, n'est-ce pas ! que vous diriez : « Nos fils d'Alsace ne nous ont pas oubliés. »

Et notre pensée évoque d'autres morts encore, vos ancêtres et vos frères.

Si nous en croyons une vieille légende, il est une nuit, chaque année, où l'appel mystérieux d'une force invisible fait s'entr'ouvrir les froids tombeaux semés sur les champs de bataille ; à cet appel, les soldats morts se lèvent, se rassemblent et répondent : « Présent », et leur armée, l'armée des spectres, s'ébranle pour la grande revue nocturne et silencieuse.

Poignante vision d'un passé lointain ! Puissante évocation de la grande épopée que rappellent les noms des Kléber, *des* Kellermann, *des* Rapp, *des* Bruat, *des* Schramm — *de tant d'autres ! Et derrière les illustres, voici venir le cortège innombrable des humbles et des anonymes, que notre terre, féconde pépinière de soldats, donna toujours sans compter à la mère-patrie. Dans le sillage de la grande armée, voici venir les enfants de l'Alsace tombés à Malakoff, en Italie, au Mexique. Et à l'arrière-garde de cette armée de fantômes, je vois ceux qui nous ont quittés pour mourir dans les rizières du Tonkin, sur les côtes meurtrières de Madagascar, dans la brousse algérienne, au Maroc.*

A tous ces morts — nos morts — nous envoyons un muet et fraternel salut.

Soldats français morts pour la patrie ! *au nom de notre Comité, au nom de l'Alsace, au nom de toute l'armée du souvenir ici présente, je m'incline devant votre mémoire.*

Soldats français morts pour la patrie ! *nous garderons de vous un éternel et glorieux souvenir, un souvenir d'héroïsme, de fierté et d'amour.*

Soldats français morts pour la patrie ! *à vous l'immortalité, à nous le souvenir !*

Le voile du monument tombe.

Toutes les musiques réunies jouent la

Marseillaise.

LE MONUMENT FRANÇAIS DE WISSEMBOURG.

M. GUNZERT

Conseiller d'Etat, Vice-Président de la Délégation d'Alsace Lorraine, président du Comité d'honneur

Après l'année terrible de 1870, qui a coûté à la France une partie de ses meilleurs enfants, il s'est formé un certain nombre de comités, ayant pris pour tâche d'ériger, dans un noble sentiment de piété, des monuments commémoratifs aux soldats morts au service de la patrie. Il restait une dette d'honneur à acquitter envers les vaillants soldats français dont les tombes se trouvent dispersées sur le champ de bataille de Wissembourg.

C'est grâce à l'heureuse initiative du comité de l'œuvre du monument sur lequel se portent maintenant vos regards, que nous pouvons acquitter cette ancienne dette sacrée et inaugurer ce souvenir permanent, pour ne pas dire éternel, aux mânes des soldats qui ont versé leur sang généreux et sacrifié leur vie en défendant héroïquement les frontières de l'Alsace.

Le comité a choisi le coteau où s'élève le monument, parce qu'il domine toute l'étendue du terrain sur lequel a été livré le combat du 4 août 1870 et où se sont déroulées, dans le courant des derniers siècles, les batailles les plus sanglantes et les plus acharnées entre la France et les nations coalisées contre elle.

Par suite de sa situation avancée sur l'un des con-

treforts des Vosges, ce terrain avait souvent été choisi comme point de défense par les armées du Rhin chargées de garder les frontières de l'Alsace, en prenant pour appui les murs de la ville et le château du Geisberg. Aussi de tout temps la petite forteresse de Wissembourg a-t-elle eu beaucoup à souffrir de sa malheureuse position entre deux formidables adversaires. A plusieurs reprises elle a été pillée et saccagée, surtout par l'impitoyable soldatesque des Pandours et des Suédois. Dans la terre hospitalière des environs de la ville se trouvent dispersés les ossements d'une foule de guerriers français et allemands, tombés surtout pendant les guerres des successions d'Espagne et d'Autriche et dans les combats de 1793.

A Wissembourg on avait oublié toutes les affreuses misères qu'entraînaient avec elles ces guerres homicides, lorsque le combat meurtrier du 4 août vint se dérouler à ses portes, lutte héroïque, où une poignée de soldats français, placés en vedette sur la frontière de la Bavière rhénane, devait tenir tête à plusieurs corps d'armée réunis.

Dès le début, la lutte était devenue encore plus inégale par suite de la mort du général Douay, qui devait conduire au feu sa faible division et qui fut mortellement frappé par un éclat d'obus, à peine arrivé sur le champ de bataille.

Avant le combat, la moisson couvrait encore de ses épis dorés une terre féconde, lorsque tout à coup, au lieu de la faucille du moissonneur, en train de rentrer le fruit de son travail en chantant ses gais refrains, on n'entendit plus que le crépitement de la fusillade et les gémissements des blessés et des mourants. C'était la mort cruelle qui venait faucher de part et d'autre tant d'existences pleines d'avenir et baigner de leur sang les sillons de ces terres bénies par le Ciel.

Sur la ville et ses paisibles habitants s'abattit une pluie de fer et de feu jusqu'au moment où Frédéric-Guillaume, le prince royal de Prusse, qui commandait en chef les troupes alliées, donna l'ordre de ménager la ville et de concentrer toute l'attaque contre les combattants. C'est grâce à la haute et bienveillante intervention de ce prince royal, dont la bonté égalait le courage, que la ville n'a pas connu toutes les horreurs d'un long bombardement.

A Wissembourg on se rappellera toujours avec émotion que le prince royal, en revenant du champ de bataille, a versé des larmes de pitié et de douleur en disant à son entourage : « C'est un métier terrible que de faire la guerre ! »

Le combat s'est rapidement engagé le long des lignes de Wissembourg et devant les murs de cette forteresse, déclassée depuis plusieurs années et gardée seulement par un faible bataillon d'infanterie qui n'était pas à même d'empêcher les canons ennemis de faire sauter les murs d'enceinte et les portes de la ville.

De la place où s'élève maintenant ce monument funèbre, on pouvait voir avec quelle ténacité et quels prodiges de valeur les tirailleurs algériens, ces vaillants fils du désert, qui gaiement étaient venus se joindre aux troupes françaises pour la sauvegarde de leur patrie commune, défendirent pendant de longues heures les lignes de Wissembourg, en infligeant des pertes énormes à leurs adversaires qui cherchaient à les en déloger. Un petit nombre d'entre eux put opérer sa retraite en brûlant rapidement ses dernières cartouches et en se couvrant ainsi d'un épais nuage de poudre.

Pendant ce temps d'autres tirailleurs s'étaient jetés dans les vignes le long de la frontière, dans l'espoir de réduire au silence les canons bavarois, qui balayaient les alentours de la ville. Cette audacieuse tentative, hélas ! devait leur devenir funeste. Ils arrivèrent, en chargeant à la baïonnette, à entrer dans les batteries ennemies, mais tombèrent presque tous au champ d'honneur, écrasés par des forces supérieures qu'ils avaient attaquées sans hésitation.

Toute cette lutte sanglante ne cessa que lorsque l'ennemi parvint, après des efforts inouïs, à faire sauter les portes du château du Geisberg et à briser la résistance de la poignée de braves qui en avaient la défense.

Les pertes subies par les deux adversaires furent énormes. Les blessés et les morts, qui venaient de s'entre-tuer sans se connaître, jonchaient la plaine par milliers, loin des lieux qui les avaient vus naître, n'ayant pour les assister au moment des suprêmes adieux que l'idée du devoir et la religion du drapeau. Tous ces braves, réunis dans des tombes communes, sont en partie oubliés ; leurs noms n'ont pas passé à la postérité, comme ils le méritaient ; leurs actes d'héroïsme sont restés inaperçus dans la terrible mêlée.

Ils ne vivent plus que dans le souvenir de parents

et d'amis, qui trouveront une consolation dans leur douleur en apprenant que la génération actuelle a enfin élevé un monument à leur mémoire.

Nos souvenirs se reportent en même temps sur les malheureux blessés, sur ces corps déchirés par la mitraille, qui, avant de rendre leur vaillante âme à Dieu, supportèrent sans crier et sans murmurer les plus atroces douleurs, avec la résignation et le courage que donne seule la conscience du devoir accompli.

Près de quarante années se sont écoulées dans l'intervalle ; mais le souvenir de cette journée de deuil est resté présent à l'esprit de tous ceux qui ont assisté à cette triste hécatombe humaine.

C'est sur tous ces chers morts que se reporte aujourd'hui notre pensée dans ce moment solennel.

Si depuis longtemps ils dorment dans cette terre leur sommeil éternel, ils se reprennent à vivre dans nos cœurs en cette journée mémorable que nous leur avons dédiée. Ils nous appartiennent aujourd'hui à nous tous, que nous soyons Français, Alsaciens ou Allemands d'origine, ces vaillants soldats, que nous sauvons de l'oubli en restant fidèles au culte des morts·

Pendant de très longues années on les avait négligés. Il devait être réservé au comité de l'œuvre d'acquitter enfin une ancienne dette, en faisant revivre leur souvenir, qui ne devra plus jamais s'éteindre.

Pour ceux d'entre nous, qui n'ont pas assisté à ces tristes holocaustes, des cérémonies comme celle de ce jour évoquent un passé qui restera gravé dans leur mémoire. Mais elles ne rappellent pas seulement un triste passé, elles attestent aussi l'esprit généreux de la génération actuelle, qui a répondu avec un si grand empressement à l'appel que lui a adressé le comité, pour raviver des sentiments de justice, de fraternité et de solidarité humaine. A ces heures de carnage, où ont été versés des flots de sang, ont succédé des heures d'apaisement, qui se traduisent aujourd'hui par notre vif désir d'honorer non seulement les soldats français en les entourant d'une auréole de gloire, mais aussi leurs anciens adversaires, ces autres victimes de la guerre, qui sont tombés, comme eux, en héros et en martyrs et ont également droit dans la mort à tous nos hommages et à notre entière et profonde sympathie.

Maintenant que le voile est tombé, nous espérons que vous approuverez le comité de l'œuvre dans sa tendance à donner à ce monument funèbre une éloquente simplicité, tout en lui imprimant un caractère de haute noblesse et de parfaite dignité.

Selon la belle conception de M. Schultz, l'artiste strasbourgeois, dont le projet a eu l'approbation du jury, la statue représente le Génie de la Patrie, tenant en mains deux couronnes de laurier, qu'il semble déposer sur ce terrain arrosé de sang et sur les cendres confondues de milliers de braves soldats.

Qu'il nous soit permis d'entrevoir pour l'avenir, dans ce Génie tourné vers l'Allemagne, outre le symbole de la gloire militaire, une figure allégorique de l'ange de la paix, présentant une couronne de réconciliation à deux peuples faits pour s'entendre et se comprendre dans une estime mutuelle. Puissent-ils en arriver un jour à ne plus se combattre les armes à la main, et ne plus se mesurer que sur le terrain du progrès, de la civilisation et de la culture intellectuelle, pour le plus grand bien de l'humanité. Puissent-ils ne jamais hésiter à se tendre la main, comme aujourd'hui, dans cette auguste cérémonie, où nous honorons, sans distinction, les soldats qui se sont combattus et qui sont maintenant réunis dans la mort.

Au faîte du monument se dresse fièrement le coq gaulois, qui semble proclamer maintenant et à tout jamais la gloire et la vaillance des soldats français tombés au champ d'honneur.

Comme simple ornementation, l'artiste a ajouté à son œuvre une panoplie et quatre coiffures militaires rappelant les différentes périodes de l'histoire.

Dans le haut de l'obélisque, le comité a eu soin de sceller un parchemin qui devra rappeler un jour aux générations futures la noble pensée des promoteurs de l'œuvre.

Ce monument est destiné à faire battre plus fort le cœur de tous ceux qui viendront visiter plus tard cette œuvre patriotique. Tout en leur rappelant la gloire des braves que nous honorons aujourd'hui, il leur inspirera le vif et ardent désir de vivre et de mourir dans les mêmes sentiments d'abnégation et de sacrifice, toujours prêts à répondre à l'appel de la patrie.

Il ne me reste plus qu'à remercier, au nom du comité de l'œuvre, cette assistance émue, qui est venue en pieux pèlerinage, de près et de loin, prendre une si vive part à cette édifiante cérémonie et se joindre à nous pour apporter à ces héros un dernier tribut d'admiration et de reconnaissance.

Au nom du comité, je vous prie de vouloir bien vous

incliner en passant devant le monument et d'adresser un dernier salut à ces vaillantes et héroïques victimes du devoir, qui ont versé leur sang sur l'autel de la patrie.

LES LIGNES DE WISSEMBOURG.

Ici se place une allocution très courte, faite
uniquement en allemand, par M. le comte de Bis-
singen-Nippenburg, Kreisdirektor de Wissembourg, délégué du gouvernement allemand. Au
nom de ce gouvernement, il prend l'engagement
de veiller sur le monument élevé à la mémoire
de ceux qui ont sacrifié leurs biens et leur vie
pour leur patrie. Il souhaite une chaleureuse
bienvenue aux vieux soldats français qui sont
venus honorer la fête de leur présence. Il termine
par la remise du monument à la municipalité représentée, en l'absence du maire indisposé, par
M. le Dr Ohleyer, adjoint. Celui-ci répond en peu
de mots et termine en déclarant que le monument doit être un appel permanent à l'entente des
deux peuples.

Après l'exécution de la marche de *Sambre-et-
Meuse*, M. X. Niessen, délégué général du « Souvenir Français » et délégué du gouvernement de
la République, monte à la tribune. Il improvise,
de sorte que de son discours, très pathé-
tique et fréquemment interrompu d'applaudisse-
ments, de courts fragments seuls on pu être re-
cueillis textuellement. Les voici :

M. X. NIESSEN,

délégué général du " Souvenir Français "

« *Salut aux mânes de vous, héros qui planez, autour
de nous, sur ces coteaux et ces montagnes. Au nom de
vos mères, de vos sœurs, de vos épouses, de vos fiancées
dont le cœur a été déchiré, à tout jamais, par d'horribles
douleurs de séparation, au nom de vos anciens qui vous
ont vu tomber à leurs côtés, au nom des officiers français,
vos frères qui sont en vie, au nom de cette foule qui
monte la garde d'honneur autour de ce monument, au
nom du gouvernement de la République, je viens, dans
un frisson d'enthousiasme, imprimer le baiser de la
France sur ce mémorial.*

*Auréolées de bravoure, les couleurs de la France
flottent au-dessus de vos tombes. Et cela est juste, car
c'est ce même drapeau que vos regards ont fixé en
mourant.*

*Nous vous conserverons, pour toujours, la recon-
naissance de votre mort. Nous en conserverons surtout le* Souvenir.

*Le Souvenir est la reconnaissance des peuples, il
est la voix des temps qui ne sont plus.*

*On aime en proportion des maux qu'on a soufferts
ensemble. Un héritage de douloureux souvenirs vaut*

un héritage de gloire, car c'est la souffrance qui unit le plus. Dans le sacrifice de la vie il ne faut pas voir seulement le résultat immédiat, mais le don de soi, qui est tout l'enseignement, toute la beauté... »

Après le discours de M. Niessen, défilé général, devant le monument, de toutes les sociétés, qui déposent des couronnes.

Au monument de l'armée allemande

Le Comité du monument français, une partie des invités, les officiers allemands de la garnison de Wissembourg, les sociétés d'anciens militaires allemands et d'autres personnes de l'assistance se rendent au monument de l'armée allemande.

Allocution

DE M. GUNZERT

Monsieur le colonel, messieurs les officiers,

Parmi les manifestations de sympathie apportées à l'œuvre du comité et à cette touchante solennité, la participation active des officiers du 60° régiment d'infanterie allemande nous a vivement touchés. Elle nous est une preuve que, dans leur milieu, le louable but poursuivi par le comité n'a pas été méconnu, et que, dans leurs cœurs, un écho sympathique a répondu à l'idée exprimée tout à l'heure, au pied du monument français : tous ceux qui meurent pour la défense de la patrie ont droit à la reconnaissance de la postérité.

Aussi nous vous remercions de tout cœur de vous être joints à nous et d'avoir, de façon si courtoise, pris part à cette belle fête consacrée à un patriotique souvenir.

Nous voici main'enant devant le monument élevé aux soldats allemands tombés sur le champ de bataille du Geisberg, et nous nous souvenons d'eux, en cette heure solennelle, avec une sincère émotion, comme de ceux qui furent leurs adversaires.

Dans un combat loyal, ils ont, eux aussi, victimes héroïques du devoir, donné leurs jeunes vies pour le bien suprême. pour la patrie.

Au nom du comité de l'œuvre du monument français, je dépose. avec l'hommage de notre profond respect, une couronne sur la tombe des soldats allemands.

Après M. Gunzert, M. Niessen prononce une allocution et dépose une palme, au nom du « Souvenir français ». Comme il finit de parler, M. le Dr Quidet, vice-président de la Fédération nationale des sociétés d'anciens militaires, et les deux autres délégués de cette Fédération, avec leur drapeau, s'avancent jusqu'au pied du monument et M. Quidet demande la permission de dire quel·ques mots. Nous les citons, d'après le compte rendu des fêtes de Wissembourg, publié par M. Quidet lui-même dans l'*Écho des Anciens*, organe de la Fédération nationale.

L'étonnement fut tel qu'on en oublia le protocole; et, bien que cela ne figurât pas au programme, l'autorisation me fut donnée de parler devant une assistance anxieuse et inquiète, peut-être, de cette démarche imprévue ; j'avoue que ce mouvement fut si spontané, chez moi, que c'est seulement après que je songeai à demander l'avis de mes compagnons. Voici les paroles que j'ai eu l'honneur de prononcer :

« Messieurs,

« Messieurs les officiers,

La Fédération nationale des sociétés d'anciens militaires de France nous a délégués pour venir honorer la mémoire de ceux qui sont tombés pour la défense de leur drapeau. Nous remercions le gouvernement impérial d'Alsace-Lorraine de nous avoir autorisés à venir ici, avec notre drapeau déployé, saluer le monument élevé à nos aînés et à nos frères d'armes ; aussi avons-nous tenu à venir rendre le même hommage aux vôtres, et nous le faisons de tout cœur. »

Et, pendant que nos trois couleurs s'inclinent, des bravos éclatent, malgré la majesté du lieu ; nous sommes entourés, mes camarades et moi, par les officiers qui, touchés, émus, nous serrent les mains en ponctuant leur étreinte d'énergiques « merci ».

La cérémonie se termine par l'exécution de l'hymne national allemand.

Soir

Discours

Prononcé au Banquet

par M. **PREISS**, *député au Reichstag*

Mesdames, Messieurs,

Au nom du comité, merci à vous tous qui êtes venus de tous les points de la France, de l'Alsace et de la Lorraine, pour donner à la journée du 17 octobre à Wissembourg tout l'éclat qu'elle méritait. Je n'ai qu'un regret à exprimer : c'est que des circonstances indépendantes de notre volonté n'aient pas permis à un grand nombre d'amis dont nous aurions tant aimé serrer la main fraternelle d'être des nôtres en ce jour de deuil qui est pour nous en même temps un jour de satisfaction intime. Merci quand même aux absents, qui par milliers, de près et de loin, sont de cœur avec nous et nous accompagnent de leurs vœux ardents.

Grâces aussi soient rendues au Ciel qui, dans sa clémence, nous a gratifiés d'un soleil d'automne splendide, superbe, qui dès le début a mis la joie dans les cœurs, une joie naturellement un peu mêlée de tristesse recueillie.

Permettez-moi, Mesdames et Messieurs, de vous dire combien nous sommes heureux que la cérémonie d'inauguration du monument élevé sur la terre d'Alsace, à la mémoire des soldats français morts pour la patrie, ait conservé jusqu'au bout le caractère digne, ému et fier qui lui convenait et que le comité d'organisation entendait lui donner. Il n'y a pas d'ombre au tableau de notre pieuse et importante manifestation, il n'y a rien qui puisse donner prise aux récriminations des esprits grincheux.

Est-il besoin de le dire? En honorant la mémoire des soldats français par l'érection d'un monument commémoratif à Wissembourg, nous avons fait notre devoir non seulement envers la France, mais aussi envers nous-mêmes. Le drapeau de la France, symbole de la patrie, qui flottait au-dessus de ceux que nous pleurons et glorifions aujourd'hui était, à Wissembourg, notre drapeau, le drapeau de l'Alsace et de la Lorraine. Ici, à Wissembourg, le deuil de la France est le deuil de l'Alsace. Il n'est pas possible de séparer la France et l'Alsace dans le culte de leurs enfants communs tombés pour une cause commune;

il est impossible de ne pas les confondre dans cette fête douloureuse du souvenir.

Le souvenir, messieurs !... Une chose précieuse et douce pour ceux que le malheur a frappés. Quels changements chez nous, depuis la dernière fois que des soldats français sont tombés au champ d'honneur de Wissembourg. Que d'angoisses et de déchirements nous avons subis ! Que d'heures d'amertume et de détresse nous avons traversées !

Eh bien ! le souvenir d'un passé meilleur, le souvenir avec tout ce qui s'y rattache, nous a toujours aidés à surmonter toutes les difficultés, à nous consoler de tous les déboires. Nous avons toujours retrouvé au fond de nos cœurs les émotions tenaces et saines, puissantes et fières, qui empêchent un peuple de s'abandonner, qui le mettent en mesure de remplir, en toute occurrence, le rôle que lui dictent à la fois la conscience, l'histoire et le sentiment de sa dignité.

Notre tâche d'aujourd'hui a été particulièrement chère à nos cœurs, parce que nous n'oublierons jamais ce que nous devons à la France. Laissant l'Alsace se déployer librement dans la nationalité française, elle nous a charmés et conquis par la douceur, la grâce et la générosité de son âme nationale. Dans son atmosphère bienfaisante et chaude, deux siècles de luttes, de joies et de souffrances communes ont communiqué à la nature un peu plus rude de nos populations alsaciennes des qualités de cœur, d'esprit et de tempérament dont nous savons apprécier la valeur et que nous tenons à conserver comme un patrimoine sacré.

Nous avons déposé des couronnes sur les tombes des soldats français et des soldats allemands unis dans la mort.

Les uns et les autres ont fait leur devoir de héros et méritent notre admiration. La conscience humaine se trouble devant ces luttes fratricides entre deux nations faites non pas pour s'entre-tuer, mais pour s'entendre et s'entr'aider.

Hélas ! nous n'en sommes pas là à l'heure qu'il est.

Mais rien ne nous défend d'exprimer le souhait sincère que, tôt ou tard, le jour vienne où Français et Allemands, réconciliés, n'auront plus qu'un souci : celui de collaborer la main dans la main aux progrès de la science et de la civilisation.

Morts pour la patrie !

Comme nos rancunes et nos querelles de tous les jours apparaissent petites et mesquines en face de la grandeur de ceux qui sont morts pour la patrie. Il n'y a de causes vraiment grandes et dignes que celles pour lesquelles on est prêt à mourir.

Aux grands jours de la vie des peuples et des individus certaines vérités éternelles qui semblent oubliées parfois, montent subitement du fond des cœurs et éclairent les consciences d'une lumière éclatante. En évoquant devant nos âmes le sacrifice des braves qui, sans souci d'eux-mêmes, ont versé, à Wissembourg, leur sang pour la défense de notre sol natal, la journée du 17 octobre rappelle aux consciences alsaciennes que nous avons un devoir sacré à remplir envers le passé de notre pays. Elle nous fait compren-

dre que pour servir la patrie dans la grande et belle acception du mot, il ne suffit pas de sauvegarder ses intérêts du moment, qu'il faut aussi, tout en rendant à César tout ce qui appartient à César, veiller pieusement à maintenir son bon renom dans l'histoire et aux yeux du monde civilisé.

Voilà pourquoi, Mesdames et Messieurs, je vous invite à lever vos verres avec moi en l'honneur de la patrie qui, pour chacun de nous, représente tout ce qu'il y a de vrai, de beau et de bien — à la patrie qui comprend et résume tous nos vœux, toutes nos pensées et tous nos souvenirs :

A la Patrie, Messieurs !

Le lundi 18 octobre, environ 200 personnes se rendent au champ de bataille de Frœschwiller-Wœrth ; des couronnes sont déposées sur la tombe du colonel Lacarre et au monument français de Wœrth. Le général Bonnal, sous le « noyer de Mac-Mahon », fait, cartes en main, un récit clair et sobre de la bataille du 6 août. Le poète Emile d'Arnaville prononce le discours, ou plutôt l'évocation suivante :

Au Champ de bataille de Frœschwiller-Wœrth

Discours

M. EMILE D'ARNAVILLE

Messieurs,

Je ne distingue plus les uniformes que portaient, voici trente-neuf ans, pour se reconnaître dans la mêlée, tous ceux qui dorment ici.

Je n'aperçois plus les étendards que suivaient, avec un pareil enthousiasme, les fils de deux grandes nations.

Rangés désormais, côte à côte, sous le drapeau international des braves, ils ont, à mes yeux, les uns et les autres, revêtu la tunique flottante des héros...

Mais, après avoir confondu dans un égal et juste

hommage, Français et Allemands, ma piété·filiale me commande d'évoquer leurs ombres lumineuses, pour aller sur le champ — et qui donc pourrait s'en offenser ? — au devant de ces escadrons dont le galop furieux, s'il ne fait plus trembler la terre que nous foulons aujourd'hui, retentit toujours dans nos mémoires...

Soldats, où êtes-vous ?... Je vous cherche... Montrez-vous, ô mes aînés, je vous attends sur le théâtre de votre bravoure, je veux vous voir !

Votre vaillance a étonné le monde à ce point que dans cent ans, dans mille ans, les peuples de l'avenir la donneront en exemple.

Messieurs, la Gloire a le privilège de ne pas vieillir...

Questionnez de nos jours, l'écho des Thermopyles ; vingt siècles après le dévouement des Spartiates, il vous répondra; car, sans se lasser, aux voyageurs qui l'interrogent depuis deux mille trois cents ans, il répète : Léonidas, Léonidas !

Paraissez, ô vous les grands disparus ! Nous voulons emplir nos yeux et nos âmes de la vision épique, nous sommes venus chez vous afin d'imaginer ce que fut la chevauchée grandiose, la charge légendaire qui poursuit sa route vers l'immortalité tandis que, sans trêve, sonnent les trompettes de la Gloire.

Ah ! vous savez bien que nous voulons vivre ces minutes héroïques vécues par vous, avant de mourir pour le salut de tous ; élever nos cœurs à la hauteur des vôtres, en cet instant tragique ; fortifier notre

*foi au souffle pur de celle qui vous animait, à l'heure
du sacrifice, cavaliers intrépides !*

*Regardez, messieurs, ils répondent à mon appel...
les voici.*

*Contemplez ces hommes splendides, immobiles
comme des statues, droits ainsi qu'à la parade et
magnifiquement groupés, là-bas, sur la hauteur.*

*Leurs chevaux que l'attente énerve, piaffent, impa-
tients de s'élancer et de prendre part à l'action.*

*Comment d'ailleurs retenir ces coursiers fougueux,
dont les puissantes foulées, ébranlant le sol, lais-
seront tout à l'heure leurs traces guerrières jusque
sur les chemins de l'Histoire ?*

*Observez ces merveilleux soldats, ils ne parlent
pas... A quoi pensent-ils donc ? ces fiers jeunes
hommes. On dirait les escadrons du Silence. Ecoutez
le bruit de la fusillade que scande, tout près de nous
et presque sans interruption, la voix de bronze des
canons ; entendez le cri de ralliement au drapeau
vingt fois en danger, vingt fois sauvé par des combattants, noirs de poudre, qui défendent pied à pied
la terre de France.*

*Zouaves, fantassins, chasseurs et turcos, mûs par
une jalousie sublime, près d'eux font assaut d'héroïsme.
A quoi pensent-ils donc ?*

D'où vient leur apparente indifférence ?

*Auraient-ils désappris les traditions de la cheva-
lerie dont ils sont les derniers représentants en ces
temps modernes ?*

*Non, mais ils songent ; ils songent et, dociles,
n'attendent qu'un signal.*

Pas un ne desserre les lèvres, pas un ne bouge.

Ils songent, car ils devinent, ils pressentent, ils savent.

Les chevaux rongent leurs freins, les chevaux ne tiennent plus en place.

Bardés de fer, immobiles, silencieux, que font les cavaliers ?

Ils songent...

L'heure est proche, l'heure tourne, l'heure vient.

La plupart d'entre eux ont à peine vingt ans : l'âge des rêves, des espoirs, des chimères à qui, d'un coup, il va falloir dire adieu.

Les autres, plus avancés dans le chemin de la vie, jettent un regard en arrière.

Ils songent...

Là-bas, mères, sœurs, épouses, fiancées, enfants qu'ils ne reverront sans doute plus, attendent leur retour. Ici, les larmes aux yeux, la France guette **leur** départ.

Ils ne songent plus, ils vont agir.

Voyez quel frémissement ondule leurs rangs... L'ordre arrive... Le maréchal de Mac-Mahon s'avance.

Lanciers et cuirassiers se rapprochent, la masse imposante se resserre.

Se haussant sur ses étriers, le vainqueur de Magenta se découvre, saluant ceux qui vont mourir.

Prenant le commandement, le général de Bonnemains lève son épée.

Deux mille sabres sortent des fourreaux... un seul cri jaillit de ces poitrines où les cœurs battent encore pour un quart d'heure...

Vive la France ! *Et maintenant, deux mille hommes sans peur, galopent vers la Mort pour l'honneur...*

Oh ! qu'ils sont beaux, nos soldats dévalant la pente, sans souci des balles qui, de tous côtés, pleuvent et crépitent sur les cuirasses rendant le son mat du choc de la grêle sur les vitres !

Les hommes tombent, les rangs s'éclaircissent, les escadrons aussitôt se reforment pour s'éclaircir encore et voir de nouveaux hommes tomber.

Qu'importe ! Ils galopent toujours ! En avant ! ils vont... donnant, comme leurs aïeux, au temps des croisades, de nouveaux coups d'estoc et de taille en cette bataille de géants.

Et l'ennemi les plaint, et l'adversaire les admire...

Survivants de la charge de Reichshoffen, reconnaissez au passage vos compagnons d'armes.

Dans vos cœurs qui tressaillent au rythme entraînant des cuivres, autant que sur vos lèvres trop émues pour les prononcer, je viens cueillir leurs noms illustres.

Voici, en tête du Ier Cuirassiers, M. de Vandœuvre ; puis, menant sans faiblir le 4e de la même arme, le colonel Billet que le Prince royal de Prusse acclame. Au centre du 4e escadron du 9e, n'est-ce pas le maréchal des logis chef Mansart qui cède son cheval au colonel Waternau, deux fois démonté ? Guiot de la Rochère conduisant le 8e, est déjà passé serrant de près le général Michel, car ceux qui chargèrent à Morsbronn se confondent, en cet instant, avec les escadrons partis peu après d'Elsasshausen sous les ordres de Bonnemains.

Quant à ce cavalier farouche, ce cavalier sans tête qui se détache maintenant de la colonne, ne dirait-on pas qu'il agite une dernière fois son sabre ?

Et ses hommes le suivent, ignorant, à vrai dire, si ce cavalier fantôme a cessé de vivre, oui ou non. Ah ! je sais par cœur son nom : Colonel de Lacarre, commandant le 3e cuirassiers.

Saluons la Mort, messieurs, la Mort elle-même chargeant au service de la France blessée.

Et cet autre, sur la gauche, presqu'au point de conversion... mais je ne vois plus, je m'arrête, aveuglé par le vertigineux tourbillon. Et puis, ils sont trop ces héros...

Pour citer tous les braves, sans vous oublier vous-mêmes, vous qui en êtes revenus, couverts de gloire, ô glorieux survivants, il me faudrait faire l'appel des sept régiments : division Bonnemains, brigade Michel, brigade Nansouty, Morsbronn *et* Reichshoffen.

L'appel, hélas ! l'appel...

Comptez-vous, survivants, comptez-vous, cuirassiers et lanciers qui m'entourez, et souvenez-vous, avant de les aller rejoindre, qu'à Dieu seul, vos camarades d'hier répondent désormais : Présent !

II

M. RAYMOND DE GIRARD

délégué du " Souvenir Français " de Suisse

Français, et vous, Alsaciens-Lorrains !

Je vous apporte les témoignages de sympathie du Souvenir Français de Suisse. Cette association, vous le savez peut-être, se compose de Français établis en Suisse et de Suisses amis de la France. Je suis de ces derniers, et c'est ce qui me vaut le très grand honneur d'être délégué ici.

Oui, nous sommes beaucoup, en Suisse, qui aimons la France. Nous sommes quelques-uns, dans la Suisse française, pour qui le fait d'avoir comme langue maternelle le français implique tout un monde d'idées sympathiques.

Je me rappelle, comme si c'était hier, la profonde sympathie anxieuse avec laquelle, il y a quarante ans, nous suivions la fortune des armées françaises. Cette sympathie est toujours vivante et j'en dépose le gage, comme une couronne, au pied de ce monument.

Après les émotions de ces deux jours, mon cœur déborde et communie avec les vôtres. Les cœurs : c'est comme la terre des champs. Nul regard n'y pénètre, mais c'est là que s'élaborent les germes de l'avenir!

Quelques paroles d'adieu sont encore dites par M. Niessen, et c'est la fin de ces trois journées qui ne seront pas oubliées de sitôt en Alsace.

Nous en envoyons, à l'*Union pour la vérité*, un écho aussi direct que possible. La personne qui écrit ces lignes n'a pas seulement assisté à l'inauguration du monument ; elle a pris part, pendant quelques semaines, au travail du comité de Wissembourg. Elle n'y était pas allée par enthousiasme : d'une manière générale, elle s'intéresse peu aux monuments qui, de nos jours, poussent comme champignons de tous côtés. Elle trouve puérile l'ambition de chaque hameau et de chaque carrefour d'avoir son « grand homme » ou son « grand souvenir », et d'en marquer la place par une borne enjolivée. Elle était donc plutôt prévenue contre l'œuvre à laquelle on l'appelait à participer.

Mais au bout de peu de jours, elle a compris qu'il ne s'agissait pas d'une chose banale. La vieille petite cité, habituellement vouée au calme, était en proie à la fièvre. Tout ce qu'elle renfermait d'activité, d'intelligence, de volonté, convergeait vers un seul point. Depuis des semaines — pour quelques-uns depuis des mois — ces simples bourgeois, commerçants, artisans, travaillaient pour le « monument français », arrachés à leurs habitudes, même à leurs affaires, par une idée qui les emportait. Ailleurs encore, dans toute l'Alsace, cette idée mettait en mouvement d'autres volontés, d'autres activités ; à travers les monceaux de correspondance qui arrivaient à Wissembourg, on percevait comme la montée d'une marée dont chaque flot redisait avec une énergie croissante : « Un monument ! nous élevons un monument français au Geisberg ! » L'idée avait trouvé partout des volontés prêtes à la réaliser, parce qu'elle avait jailli d'un sentiment dans lequel tous pouvaient communier.

L'adhésion réfléchie de ceux qui pensent et qui pèsent lui avait été acquise aussi bien que l'adhésion instinctive de la foule. Le monument français du Geisberg est l'expression d'un sentiment et d'une volonté populaires dans le sens complet du mot. Il dit que l'Alsace revendique comme siens les « soldats français morts pour la patrie », et avec eux tout son passé.

V. — Cotisations.

XIV. Chaque associé doit une cotisation annuelle minima de *dix francs* (1). La cotisation de l'année est due par tout associé qui entre en cours d'année et par tout associé qui se retire en cours d'année. L'acquittement de la cotisation confère le droit : 1° de participer à l'Assemblée générale, personnellement ou par correspondance ; 2° d'élire ou d'être élu aux différentes fonctions ; 3° de recevoir la *Correspondance* et d'y prendre part ; 4° de recevoir les comptes rendus des *Libres Entretiens.*

---

(1) De plus, une carte d'entrée personnnelle, dont le prix est de *quatre francs* par an, est nécessaire aux personnes qui réclament le droit d'assister aux *Libres Entretiens.*

CONVENTIONS LIBRES (EXTRAIT DES)

ENTRE LES ASSOCIÉS DE L'*Union pour la vérité*

PRÉSENTÉES COMME ADDITION AUX PRÉCÉDENTS STATUTS, ARTICLE

PAR ARTICLE

I. — *Objet de l'Association* (Art. I à III).

Rien à ajouter. Quelque chose peut-être à expliquer. Nous voulons qu'un foyer de **libre esprit**, purement généreux et purement raisonnable, à jamais libre, soit entretenn, hors de tout parti, hors de toute Église, à l'encontre de tout abus d'autorité, nonobstant tout entraînement de l'intérêt particulier, de la violence ou de la peur. Nous nous associons pour fonder et entretenir ce foyer.

Nous formons cette *Union*, non pas pour *rechercher* la vérité, — car on la recherche seul, — mais pour *servir* la vérité. Nous espérons par là nous maintenir capables de vouloir toujours la vérité ; car la vérité ce n'est pas une « chose » que l'on puisse posséder, mais « un état », où il faut vouloir se remettre sans cesse. C'est à quoi nous aide une amitié telle que celle-ci, entre personnes nettement différentes, mais toutes résolues à ne mettre rien au-dessus de la vérité.

www.ingramcontent.com/pod-product-compliance
Ingram Content Group UK Ltd.
Pitfield, Milton Keynes, MK11 3LW, UK
UKHW021744090726
13657UKWH00002B/924